Présentation

Littérama est une littérature française en trois volumes, *Littérama, clefs de lecture*, *Littérama XIXᵉ* et *Littérama XXᵉ*, chacun indépendant mais faisant partie d'un tout maniable et fonctionnel.

Littérama vise à faire acquérir aux apprenants non seulement une connaissance complète et critique des principales étapes de la littérature française des XIXᵉ et XXᵉ siècles, mais aussi les clefs indispensables pour affronter l'analyse des textes.

Littérama, clefs de lecture fournit les éléments nécessaires pour reconnaître la spécificité des genres – le genre narratif, la poésie, le théâtre – et affronter l'analyse à travers une étude méthodique des éléments essentiels de la structure d'un texte : le type, le registre, le ton, le discours et le récit, les figures de style, les temps verbaux, la versification...

En plus de la forme, le texte présente un aperçu historique qui permet de comprendre sa fonction et sa portée.

Au-delà du simple texte littéraire, *Littérama, clefs de lecture* propose aussi une analyse des pages de presse et une étude de l'image et donne à l'étudiant des clefs pour voir, deviner et apprécier ce qui n'est pas perçu spontanément ou consciemment.

Chaque argument est accompagné de nombreuses activités organisées de façon progressive et systématique pour une application directe et immédiate de ce qui vient d'être expliqué et dans le but d'affiner une technique de lecture et d'écriture.

À la fin du volume, un guide au résumé et à l'analyse textuelle fait le point sur les connaissances acquises.

La spécificité du texte littéraire

Les dictionnaires définissent le mot « littérature » comme « les œuvres écrites, dans la mesure où elles portent la marque de préoccupations esthétiques. » (Robert)

En d'autres mots, les œuvres littéraires sont des formes artistiques écrites caractérisées par des textes qui tirent leur raison d'être principale du fait qu'ils expriment, chacun à sa propre manière, une certaine idée du beau.

Cela explique pourquoi tant de lecteurs éprouvent depuis toujours un plaisir esthétique en lisant des œuvres (romans, poèmes...) écrites par des auteurs qu'ils ne connaissent pas – œuvres qui ont la seule fonction d'enrichir l'esprit, sans avoir aucun but pratique immédiat, et dont le message dépasse les limites du temps et de l'espace.

L'écrivain communique par le biais de la magie du langage comme le peintre se sert d'une toile et d'une palette de couleurs ou le sculpteur donne sa forme à un bloc de marbre.

Le texte littéraire, tout en se différenciant des autres textes écrits dans un but pratique ou commercial (articles, documents, lettres, publicités...), garde quand même sa caractéristique de message écrit, qu'il faut apprendre non seulement à décoder, mais surtout à apprécier en tant qu'œuvre esthétique.

La fonction du lecteur n'est pas moins importante que celle de l'auteur, d'où la nécessité – pour bien apprécier toute œuvre littéraire – d'apprendre les mécanismes principaux de l'écriture ainsi que les stratégies de lecture.

1. Le texte littéraire et la communication

Tout texte écrit, que ce soit un texte littéraire ou non, a une fonction essentiellement communicative. L'auteur du texte écrit dans un but qui peut varier selon les circonstances : informer, raconter, promouvoir, inviter, décrire...

Dans ce sens, une œuvre littéraire est aussi un acte de communication qui se fait entre l'émetteur (ou énonciateur) et le récepteur, c'est-à-dire le destinataire du message.

Mais comment la situation de communication d'un texte littéraire se différencie-t-elle de celle d'un texte non littéraire ?

Pour le comprendre, il faut saisir les éléments spécifiques de la communication littéraire par rapport aux autres formes de communication.

Le schéma suivant présente les différents éléments de la situation de communication :

Émetteur (ou énonciateur)	→	Message	→	Récepteur
	→	Référent	→	
	→	Canal	→	
	→	Code	→	

L'*émetteur* est la personne qui transmet le message, le *récepteur* celle à laquelle le message est destiné.

Le *message* est l'énoncé, c'est-à-dire ce qui est écrit, tandis que le *référent* représente le contenu, le sens du message et, donc, le sujet de la communication.

Le *canal* est le moyen de communication utilisé (article, affiche, lettre, poème, représentation théâtrale, roman...).

Le *code* est ce qui permet de comprendre le message (dans ce cas, la langue) et, pour qu'il y ait communication, il est indispensable que le récepteur soit à même de comprendre le code utilisé par l'émetteur.

ACTIVITÉS

Texte 1

C.E.S. Montesquieu
41000 Blois

Blois, le 1er septembre ...

À tous nos employés

veuillez prendre note des nouveaux horaires de la cantine, valables à partir du 1er octobre.

Le respect de ces horaires étant essentiel à la bonne marche de l'établissement scolaire, nous demandons à tout le monde d'y veiller. Tout changement éventuel doit être communiqué au préalable[1] à cette direction.

Le Directeur

1. **au préalable** : avant.

VERGLAS : CARAMBOLAGE SUR LA TROIS VOIES PRÈS DE ST-PARDOUX

Une averse de grésil [1] et de neige qui s'est abattue sur la région de Parthenay peu après le lever du jour mardi matin a rendu la chaussée extrêmement dangereuse durant une durée relativement courte, surtout sur l'axe Parthenay-Mazières-en-Gâtine. Si quelques rues de Parthenay ont été momentanément rendues glissantes, perturbant la circulation, ce phénomène localisé a provoqué un carambolage [2] sans gravité corporelle, vers huit heures, sur la route de Parthenay à Niort, non loin de Saint-Pardoux. Il a opposé deux voitures et un fourgon des PTT qui sont allés au fossé. L'une des voitures s'est retournée sur le toit et deux occupants, M.B. et J.L., 23 ans, demeurant à Niort, ont été légèrement blessés puis transportés à l'hôpital de Parthenay par les pompiers de la localité qui se sont rendus sur les lieux, ainsi que leurs collègues de Mazières.

La Nouvelle République

1. **grésil** (m.) : grêle fine, blanche et dure.

2. **carambolage** (m.) : suite de chocs violents de véhicules.

L'EXPRESS

BONNE NOUVELLE : VOUS POUVEZ CHOISIR
DE RECEVOIR LE CAHIER RÉUSSIR.

Paris, le 31 décembre 1996

Mme Lucie Vignaud
Via Roma, 52
16100 Genova

Chère Abonnée,

Votre abonnement à L'EXPRESS va prendre fin dans un peu plus d'un mois.

Bien sûr, il vous reste encore à recevoir quelques numéros mais, en le renouvelant dès maintenant, vous serez certain de ne subir aucune interruption dans la réception de votre magazine.

Comment procéder ? :
Il vous suffit de glisser votre bulletin de réabonnement dans l'enveloppe ci-jointe qui porte notre adresse. Plusieurs modes de règlement vous sont proposés au verso de cette lettre.

D'avance, nous nous réjouissons de continuer à vivre avec vous les prochains mois de l'actualité française et internationale, sous forme claire, complète, vivante et bien documentée.

Répondez-nous dès aujourd'hui pour conserver chaque semaine, grâce à L'EXPRESS, un lien privilégié avec la France.

Croyez, Chère Abonnée, à l'assurance de nos sentiments les plus dévoués.

Anne EVRARD
Responsable des abonnements

Texte 4

Chère Cécile,

Juste un petit mot avant de partir pour la mer. Nous partirons probablement dimanche et nous y resterons jusqu'à la fin du mois. Nous séjournerons dans le même hôtel que l'année dernière « Le Pirate ». Si tu as besoin de me contacter, tu pourras m'écrire ou bien me téléphoner. L'employée de la réception est très gentille, elle ne manquera pas de me dire que tu as téléphoné. J'espère que le temps sera beau et que je pourrai me détendre un peu. J'en ai tellement besoin !

À bientôt !

Marie

Texte 5

Michel communique avec son ami Jean-Louis à l'aide d'un code secret. Tous les deux utilisent des symboles appartenant à un programme d'écriture différent. Si l'on sait que :

A = ✡ B = ✢ C = ✣ D = ✤ E = ✥ F = ✦ G = ✧ H = ★ I = ☆
J = ✪ K = ✫ L = ✬ M = ✭ N = ✮ O = ✯ P = ✰ Q = ✱
R = ✲ S = ✳ T = ✴ U = ✵ V = ✶ W = ✷ X = ✸ Y = ✹ Z = ✺

trouvez le message qu'il a envoyé à son ami. (Attention, le style est télégraphique.)

✳✡✬✵✴ ✪✥✡✮ ✬✯✵☆✳
✡☆ ✡✣★✥✴✥ ✵✮ ✪✥✵ ✶☆✤✥✯ ✳✵✰✥✲
✶☆✥✮✳
✭✥ ✲✥✪✯☆✮✤✲✥ ✡ ✣☆✮✱ ★✥✵✲✥✳
✣★✥✺ ✭✯☆ ✡ ✢☆✥✮✴✯✴
✭☆✣★✥✬

Texte 6

POUR FAIRE DE VOS RENCONTRES UN SUCCÈS !

C'est parce que les couples ne se forment jamais par hasard que PROMESS a mis au point un nouveau concept de rencontres HAUT DE GAMME plus original, plus efficace, plus moderne.
Vous aussi branchez-vous sur la ligne « Promess-Line » et venez découvrir en avant première celui ou celle qui mettra le mot fin sur votre vie de célibataire.

Après avoir considéré les situations précédentes de communication écrite remplissez, pour chacune d'elles, la grille suivante en repérant les éléments du schéma :

Émetteur	Référent
1 :	1 : ....
2 :	2 : ....
3 :	3 : ....
4 :	4 : ....
5 :	5 : ....
6 :	6 : ....
Récepteur	**Canal**
1 :	1 : ....
2 :	2 : ....
3 :	3 : ....
4 :	4 : ....
5 :	5 : ....
6 :	6 : ....
Message	**Code**
1 :	1 : ....
2 :	2 : ....
3 :	3 : ....
4 :	4 : ....
5 :	5 : ....
6 :	6 : ....

Texte 7

Rendez votre élève attentif aux phénomènes de la nature, bientôt vous le rendrez curieux ; mais, pour nourrir sa curiosité, ne vous pressez jamais de la satisfaire. Mettez les questions à sa portée, et laissez-les lui résoudre. Qu'il ne sache rien parce que vous le lui avez dit, mais parce qu'il l'a compris lui-même ; qu'il n'apprenne pas la science, qu'il l'invente. Si jamais vous substituez dans son esprit l'autorité à la raison, il ne raisonnera plus ; il ne sera plus que le jouet de l'opinion des autres.

ROUSSEAU, *Émile, Livre III*

Texte 8

C'est après une nuit orageuse, et pendant laquelle je n'ai fermé l'œil ; c'est après avoir été sans cesse ou dans l'agitation d'une ardeur dévorante, ou dans l'entier anéantissement [1] de toutes les facultés de mon âme, que je viens chercher auprès de vous, Madame, un calme dont j'ai besoin, et dont pourtant je n'espère pas jouir encore. En effet, la situation où je suis en vous écrivant, me fait connaître, plus que jamais, la puissance irrésistible de l'amour ; j'ai peine à conserver assez d'empire sur moi pour mettre quelque ordre dans mes idées ; et déjà je prévois que je ne finirai pas cette lettre, sans être obligé de l'interrompre.

1. **anéantissement** (m.) : destruction totale.

LACLOS, *Les Liaisons dangereuses, Lettre XLVIII*

Texte 9

Si tu t'imagines
si tu t'imagines
fillette fillette
si tu t'imagines
qu'ça va qu'ça va qu'ça
va durer toujours
la saison des... a
la saison des... a
saison des amours
ce que tu te goures [1]
fillette fillette
ce que tu te goures [...]

1. **se gourer** : (fam.) se tromper.

QUENEAU, *L'Instant fatal*

Texte 10

ŒNONE	Aimez-vous ?
PHÈDRE	De l'amour j'ai toutes les fureurs.
ŒNONE	Pour qui ?
PHÈDRE	Tu vas ouïr [1] le comble des horreurs.
	J'aime... À ce nom fatal, je tremble, je frissonne,
	J'aime...
ŒNONE	Qui ?
PHÈDRE	Tu connais ce fils de l'Amazone,
	Ce prince si longtemps par moi-même opprimé ?
ŒNONE	Hippolyte ? Grands dieux !
PHÈDRE	C'est toi qui l'as nommé !

1. **ouïr** : entendre.

RACINE, *Phèdre*

Après avoir examiné ces extraits littéraires essayez, pour chacun d'eux, de remplir la grille :

Émetteur	Référent
7 :	7 : ....
8 :	8 : ....
9 :	9 : ....
10 :	10 : ....
Récepteur	Canal
7 :	7 : ....
8 :	8 : ....
9 :	9 : ....
10 :	10 : ....
Message	Code
7 :	7 : ....
8 :	8 : ....
9 :	9 : ....
10 :	10 : ....

Répondez ensuite aux questions suivantes :

1. Avez-vous eu quelques difficultés à repérer l'émetteur ?

2. Est-ce que, dans tous les cas, l'émetteur correspond toujours à l'auteur de l'extrait ?

3. Quels récepteurs avez-vous identifiés ?

4. Et vous, en tant que lecteur, de quel(s) texte(s) pouvez-vous être le destinataire ?

5. Avez-vous rencontré les mêmes difficultés en analysant les textes écrits non littéraires ? Pourquoi, à votre avis ?

Sarah Bernhardt dans le rôle de Phèdre,
photographie de Nadar.

2. Une communication particulière

Comme vous avez pu le constater, la situation de communication concernant un texte littéraire est souvent indirecte.

Les détails du message peuvent concerner des événements, des situations, des lieux ou des périodes que le lecteur ne connaît pas directement. En effet, les écrits littéraires appartiennent le plus souvent au domaine de la fiction. Même la poésie lyrique, expression des sentiments du poète, n'est à vrai dire qu'une reconstruction subjective de la réalité à travers la magie du langage. En général, même les écrivains qui décrivent un certain milieu dans leurs œuvres recréent en réalité ce milieu en lui donnant une valeur intemporelle, ce qui explique la valeur universelle de certains chefs-d'œuvre.

En ce qui concerne l'émetteur, il faut dire que, même si l'écrivain est concrètement l'émetteur du message, il se cache généralement soit derrière un narrateur soit dans le rôle des personnages joués sur scène par des acteurs. L'émetteur s'identifie à l'auteur sans intermédiaires uniquement dans la poésie quand celle-ci est l'expression de ses sentiments.

Le récepteur n'est pas – dans la plupart des cas – le lecteur lui-même, car le message peut s'adresser à un personnage fictif ou réel particulier. Comment saisir, donc, en tant que lecteur, toutes les nuances de la communication littéraire ? Les moyens d'interprétation sont multiples, mais on peut distinguer deux tendances principales :

1. on peut situer le texte dans son contexte historique, social... en tenant compte de la vie de l'auteur, de son évolution... ;
2. on peut considérer l'œuvre telle qu'elle est, en dégageant ses aspects stylistiques avant de connaître ou d'examiner son contexte.

Dans les chapitres suivants vous allez apprendre à lire et à examiner des textes littéraires en repérant leurs caractéristiques formelles et stylistiques fondamentales.

Cela vous permettra de mieux apprécier toute forme d'œuvre littéraire de façon autonome et vous pourrez ainsi mieux profiter du « plaisir » de la lecture.

Illustration pour Jacques le Fataliste, *édition de 1797.*

Texte 1

Nous avouerons que notre héros était fort peu héros en ce moment.

Toutefois la peur ne venait chez lui qu'en seconde ligne ; il était surtout scandalisé de ce bruit qui lui faisait mal aux oreilles. L'escorte prit le galop ; on traversait une grande pièce de terre labourée, située au-delà du canal, et ce champ était jonché [1] de cadavres.

Les habits rouges ! les habits rouges ! criaient avec joie les hussards [2] de l'escorte. Et d'abord Fabrice ne comprenait pas ; enfin il remarqua qu'en effet tous les cadavres étaient vêtus de rouge.

1. **jonché** : couvert.

2. **hussard** (m.) : soldat de la cavalerie légère.

STENDHAL, *La Chartreuse de Parme*

1. Quelle est la fonction du pronom « nous » dans ce texte ?
2. Que représente le passage de la 1ère personne du pluriel à la 3ème personne du singulier ?
3. À qui l'émetteur s'adresse-t-il ?
4. À qui se réfère l'expression *notre héros* ?

Entrée des Français dans Milan, *gravure de Carle Vernet.*

Texte 2

Et les voilà embarqués dans une querelle interminable sur les femmes ; l'un prétendant qu'elles étaient bonnes, l'autre méchantes : et ils avaient tous deux raison ; l'un sottes, l'autre pleines d'esprit : et ils avaient tous deux raison [...]. En suivant cette dispute sur laquelle ils auraient pu faire le tour du globe sans déparler un moment et sans s'accorder, ils furent accueillis par un orage qui les contraignit de s'acheminer... – Où ? – Où ? – lecteur, vous êtes d'une curiosité bien incommode ! Et que diable cela vous fait-il ? Quand je vous aurai dit que c'est à Pontoise ou à Saint-Germain, à Notre Dame de Lorette ou à Saint-Jacques de Compostelle, en serez-vous plus avancé ? Si vous insistez, je vous dirai qu'ils s'acheminèrent vers ... oui ; pourquoi pas ?... vers un château immense [...].

DIDEROT, *Jacques le Fataliste*

1. Lisez le texte et soulignez de façon différente :
– les passages où le narrateur raconte à la troisième personne ;
– les passages où il s'adresse directement au lecteur.

2. Ensuite, dites pour chaque partie que vous avez soulignée :
– quel est l'émetteur ;
– quel est le référent ;
– de quelle façon l'émetteur change sa manière de s'adresser au récepteur.

Texte 3

Nathanaël, à présent, jette mon livre. Émancipe-t'en. Quitte-moi.

Quitte-moi ; maintenant tu m'importunes ; tu me retiens ; l'amour que je me suis surfait pour toi m'occupe trop. Je suis las de feindre d'éduquer quelqu'un. Quand ai-je dit que je te voulais pareil à moi ? – C'est parce que tu diffères de moi que je t'aime ; je n'aime en toi que ce qui diffère de moi. [...]

Jette mon livre ; dis-toi bien que ce n'est QU'UNE des mille postures possibles face à la vie. Cherche la tienne. Ce qu'un autre aurait aussi bien fait que toi, ne le fais pas. Ce qu'un autre aurait aussi bien dit que toi, ne le dis pas, – aussi bien écrit que toi, ne l'écris pas. Ne t'attache en toi qu'à ce que tu sens qui n'est nulle part ailleurs qu'en toi-même, et crée de toi, impatiemment ou patiemment, ah ! le plus irremplaçable des êtres.

GIDE, *Les Nourritures terrestres*

1. Qui est le récepteur du message ?
2. Quel rapport y a-t-il entre l'émetteur et le récepteur ?
3. Quel est le référent ?

La structure du texte

1. L'énoncé et l'énonciation

On appelle *énoncé* tout message écrit ou oral ayant un sens produit par un émetteur, et *énonciation* l'action de produire un énoncé. La situation d'énonciation représente l'ensemble des repères qui permettent d'identifier la présence de l'émetteur ainsi que le cadre spatio-temporel dans lequel l'énoncé a été produit.

Pour mieux identifier ces repères, on classe généralement les énoncés en deux catégories : le *discours* et le *récit*.

En règle générale, dans le discours l'émetteur parle de quelque chose alors que dans le récit il raconte des événements, vrais ou imaginaires.

Savoir reconnaître si un énoncé représente un discours ou un récit aide à mieux définir la situation de communication ainsi que les intentions de l'émetteur.

2. Le discours

Les textes exprimant un discours sont généralement des commentaires, des explications, des argumentations, des lettres, des journaux intimes, des dialogues...

L'émetteur annonce sa présence et précise sa relation avec le récepteur par l'emploi de pronoms personnels de la première et deuxième personne : *je, tu, nous, vous.*

L'émetteur et le récepteur

Il est possible de connaître l'opinion de l'émetteur à travers la présence d'éléments tels que des verbes d'opinion (*croire, penser...*), des verbes exprimant une probabilité (*devoir, pouvoir*), l'emploi du conditionnel (quand l'émetteur veut indiquer qu'il ne prend pas une opinion à son compte), certains adverbes (*sincèrement, franchement...*), des adjectifs employés dans un sens péjoratif ou mélioratif, des exclamations, des interrogations...

L'opinion de l'émetteur

Les indicateurs de lieu et de temps n'ont un sens que par rapport à la situation d'énonciation : *ici, maintenant, demain...* Pour comprendre pleinement la valeur de ces indicateurs, il faut connaître le présent de l'émetteur et le lieu où il se trouve.

Les repères spatio-temporels

Les temps les plus utilisés sont le présent de l'indicatif, le passé composé et le futur.

Les temps verbaux

3. Le récit

Le récit est un type d'énoncé présent surtout dans les romans, les contes, les nouvelles, les biographies et les autobiographies, les histoires drôles, les fables...

L'émetteur et le récepteur

Dans un récit l'émetteur se limite à raconter des faits, des événements sans intervenir dans l'énoncé. De même, il ne s'adresse pas au récepteur, qui est donc absent lui aussi. Les pronoms personnels sont utilisés à la troisième personne du singulier et du pluriel et, même lorsque le « je » apparaît, il s'agit soit d'un narrateur fictif distinct du narrateur soit de l'émetteur lui-même qui se fait l'objet de la narration (dans une autobiographie, par exemple).

Il arrive souvent que discours et récit alternent dans un texte.

Dans un discours, cela peut arriver quand l'émetteur désire préciser sa pensée en racontant une histoire, un épisode significatif.

Dans un récit, l'auteur peut sentir la nécessité de s'adresser au lecteur pour lui expliquer un fait, une opinion ou bien tout simplement pour interrompre le récit et faire du lecteur une partie prenante de l'histoire.

L'opinion de l'émetteur

Cet élément est absent dans le récit.

Les repères spatio-temporels

Les indicateurs de lieu et de temps se réfèrent aux événements racontés. Pour comprendre pleinement la valeur de ces indicateurs il est parfois nécessaire de connaître l'histoire racontée.

Les temps verbaux

Les temps les plus utilisés sont le passé simple, le présent de narration, l'imparfait – pour marquer la durée et la répétition – le plus-que-parfait de l'indicatif.

Louise Colet, compagne de Gustave Flaubert.

Texte 1

J'aime mon travail d'un amour frénétique et perverti, comme un ascète le cilice qui lui gratte le ventre. Quelquefois, quand je me trouve vide, quand l'expression se refuse, quand, après avoir griffonné [1] de longues pages, je découvre n'avoir pas fait une phrase, je tombe sur mon divan et j'y reste hébété dans un marais intérieur d'ennui.

Je me hais et je m'accuse de cette démence d'orgueil qui me fait haleter [2] après la chimère. Un quart d'heure après, tout est changé ; le cœur me bat de joie. Mercredi dernier, j'ai été obligé de me lever pour aller chercher mon mouchoir de poche ; les larmes me coulaient sur la figure. Je m'étais attendri moi-même en écrivant, je jouissais délicieusement, et de l'émotion de mon idée, et de la phrase qui la rendait, et de la satisfaction de l'avoir trouvée.

1. **griffonner** : écrire d'une manière peu lisible.

2. **haleter** : respirer à un rythme précipité.

FLAUBERT, *Extrait d'une lettre à Louise Colet*, 24 avril 1852

Lisez cette lettre de Flaubert à Louise Colet et relevez les repères qui vous permettent d'affirmer qu'il s'agit d'un discours.

1. Comment remarquez-vous la présence de l'émetteur ?

2. Est-ce qu'il y a des éléments se référant au récepteur ?

3. Quels sont les temps utilisés ?

4. Quels sont les indicateurs de lieu et de temps ?

5. Est-ce qu'il y a des indices qui permettent de comprendre l'opinion de l'émetteur ?

Texte 2

Comment s'étaient-ils rencontrés ? Par hasard, comme tout le monde. Comment s'appelaient-ils ? Que vous importe ? D'où venaient-ils ? Du lieu le plus prochain. Où allaient-ils ? Est-ce que l'on sait où l'on va ? Que disaient-ils ? Le maître ne disait rien ; et Jacques disait que son capitaine disait que tout ce qui arrive de bien et de mal ici-bas était écrit là-haut. [...]

Jacques commença l'histoire de ses amours. C'était l'après-dînée : il faisait un temps lourd ; son maître s'endormit. La nuit les surprit au milieu des champs ; les voilà fourvoyés [1]. Voilà le maître dans une colère terrible et tombant à grands coups de fouet sur son valet, et le pauvre diable disant à chaque coup : « Celui-là était apparemment encore écrit là-haut... »

Vous voyez, lecteur, que je suis en beau chemin, et qu'il ne tiendrait qu'à moi de vous faire attendre un an, deux ans, trois ans, le récit des amours de Jacques, en le séparant de son maître et en leur faisant courir à chacun tous les hasards qu'il me plairait. Qu'est-ce qui m'empêcherait de marier le maître et de le faire cocu [2] ? d'embarquer Jacques pour les îles ? d'y conduire son maître ? de les ramener tous les deux en France sur le même vaisseau ? Qu'il est facile de faire des contes ! Mais ils en seront quittes l'un et l'autre pour une mauvaise nuit, et vous pour ce délai.

1. **fourvoyés** : détournés du bon chemin.

2. **le faire cocu** : séduire sa femme.

L'aube du jour parut. Les voilà remontés sur leurs bêtes et poursuivant leur chemin. – Et où allaient-ils ? – Voilà la seconde fois que je vous réponds : Qu'est-ce que cela vous fait ? Si j'entame le sujet de leur voyage, adieu les amours de Jacques...

Ils allèrent quelque temps en silence. Lorsque chacun fut un peu remis de son chagrin, le maître dit à son valet : Eh bien Jacques, où en étions-nous de tes amours ?

DIDEROT, *Jacques le Fataliste*

1. Soulignez dans le texte les parties se référant au récit et celles représentant un discours.

2. Ensuite, pour chacune des parties remplissez la grille suivante :

	Récit	Discours
Pronom personnel utilisé		
Temps verbaux utilisés		
Repères spatio-temporels		

3. Qui est le récepteur des questions situées au début et à l'intérieur du texte ?

4. Qui est le récepteur de la phrase finale ?

5. Considérez l'emploi du conditionnel (tiendrait, plairait, empêcherait) et dites s'il exprime :
a. un fait réel ;   **b.** une possibilité ;   **c.** une opinion.

6. Quelle est la valeur de la phrase exclamative *Qu'il est facile de faire des contes !* ?
Elle exprime :   **a.** un fait réel ;   **b.** une possibilité ;   **c.** une opinion.

Texte 3

Le 18 juin 1815, vers midi, je sortis de Gand par la porte de Bruxelles ; j'allais seul achever ma promenade sur la grande route. J'avais emporté les *Commentaires de César* et je cheminais lentement, plongé dans ma lecture. J'étais déjà à plus d'une lieue [1] de la ville, lorsque je crus ouïr [2] un roulement sourd : je m'arrêtai, regardai le ciel assez chargé de nuées, délibérant en moi-même si je continuerais d'aller en avant, ou si je me rapprocherais de Gand dans la crainte d'un orage. Je prêtai l'oreille ; je n'entendis plus que le cri d'une poule d'eau dans les joncs et le son d'une horloge de village. Je poursuivis ma route : je n'avais pas fait trente pas que le roulement recommença, tantôt bref, tantôt long, et à intervalles inégaux ; quelquefois il n'était sensible que par une trépidation de l'air, laquelle se communiquait à la terre sur ces plaines immenses, tant il était éloigné. Ces

1. **lieue** (f.) : ancienne mesure de distance.

2. **ouïr** : entendre.

18

détonations moins vastes, moins onduleuses, moins liées ensemble que celles de la foudre, firent naître dans mon esprit l'idée d'un combat. Je me trouvais devant un peuplier planté à l'angle d'un champ de houblon [3]. Je traversai le chemin et je m'appuyai debout contre le tronc de l'arbre, le visage tourné du côté de Bruxelles. Un vent du sud s'étant levé m'apporta plus distinctement le bruit de l'artillerie. Cette grande bataille, encore sans nom, dont j'écoutais les échos au pied d'un peuplier [4], et dont une horloge de village venait de sonner les funérailles inconnues, était la bataille de Waterloo !

3. **houblon** (m.) : plante dont les fleurs servent à aromatiser la bière.

4. **peuplier** (m.) : arbre de haute taille qui pousse dans les endroits froids et humides.

CHATEAUBRIAND, *Mémoires d'outre-tombe*

Lisez ce texte et répondez aux questions suivantes :

1. S'agit-il d'un discours ou d'un récit ?

2. Quels sont les éléments qui vous permettent de l'affirmer ?

3. Pour vous aider, remplissez la grille ci-dessous ; attention, toutes les cases ne doivent pas forcément être remplies :

Présence de l'émetteur	
Valeur de cette présence	
Repères spatio-temporels	
Temps verbaux utilisés	
Indices de l'opinion de l'émetteur	

La bataille de Waterloo.

4. Le discours rapporté

On appelle discours rapporté l'ensemble des techniques d'écriture qui permettent de rapporter dans un énoncé la parole de quelqu'un. Quelle que soit la forme de discours rapporté choisie par l'auteur, pour bien comprendre le sens de l'énoncé, le lecteur doit toujours se demander : qui parle ? à qui s'adresse-t-il ?

En général, on peut distinguer les différentes formes de discours rapporté en :
– discours direct
– discours indirect
– discours indirect libre

Voici leurs principales caractéristiques.

Le discours direct

Il se disait : « Elle n'est pas là ! ».

Dans le style direct les paroles prononcées sont rapportées telles quelles. Ce discours est facile à reconnaître grâce aux caractéristiques suivantes :

– un verbe de parole (*dire, demander...*), de pensée (*se dire...*) introduit les paroles prononcées ; l'inversion du sujet (*dit-il*) est présente si ce verbe est placé après la phrase prononcée.

> Ex. : « *Avez-vous déjà déjeuné ?* » *lui demanda-t-il.*

– la ponctuation présente les deux points et guillemets « Je suis arrivé à sept heures » ou bien un tiret au début de la phrase prononcée (– Je suis arrivé à sept heures).

Quand on trouve des passages au style direct dans un récit, on parle généralement de dialogue. Il faut distinguer le dialogue dans un texte théâtral de celui d'un récit car dans une pièce le dialogue n'est pas un fait de style, mais il obéit à la nécessité du théâtre.

Le discours indirect

Il se disait qu'elle n'était pas là.

Dans le discours indirect la parole de celui qui parle n'est pas rapportée telle quelle, mais elle est reproduite par le locuteur.

Les marques du discours direct (deux points, guillemets...) sont absentes. Les deux points et guillemets sont remplacés par une subordonnée introduite par un verbe de parole, de pensée suivi de *que, si...*

Les paroles rapportées subissent des transformations grammaticales car le discours doit s'adapter à la situation spatio-temporelle du locuteur : « Elle n'est pas » devient « elle n'était pas ».

Les changements concernent non seulement les pronoms personnels, mais aussi les adjectifs et pronoms démonstratifs, la concordance des temps, les indicateurs spatio-temporels...

Le discours indirect libre

« Elle n'était pas là ».

Ce type de discours est le plus difficile à repérer dans un texte. Il s'agit d'une forme intermédiaire entre le discours direct et le discours indirect. Contrairement au discours direct, le style indirect libre ne présente ni signes de ponctuation particuliers ni verbes introducteurs de parole ou de pensée. Il se distingue, en outre, du discours indirect parce qu'il est représenté non par une subordonnée, mais par une proposition indépendante.

En général, on peut dire qu'il ressemble plutôt au style indirect, sans être pourtant introduit par un verbe de parole ou de pensée.

Ce discours permet à l'auteur de garder une certaine distance des paroles reproduites, mais, en même temps, de rendre l'état d'âme de ses personnages de façon directe, sans intermédiaire.

Il s'agit d'un style que l'on trouve souvent dans l'œuvre de Flaubert et, plus récemment, dans les romans où l'auteur désire transposer le monologue intérieur des personnages.

ACTIVITÉS

Texte 1

Marie est entrée. [...] Elle semblait très nerveuse. Tout de suite, on lui a demandé depuis quand elle me connaissait. Elle a indiqué l'époque où elle travaillait chez nous. Le président a voulu savoir quels étaient ses rapports avec moi. Elle a dit qu'elle était mon amie. À une autre question, elle a répondu qu'il était vrai qu'elle devait m'épouser. Le procureur qui feuilletait [1] un dossier lui a demandé brusquement de quand datait notre liaison. Elle a indiqué la date. Le procureur a remarqué d'un air indifférent qu'il lui semblait que c'était le lendemain de la mort de maman. [...] Il a donc demandé à Marie de résumer cette journée où je l'avais connue. Marie ne voulait pas parler, mais devant l'insistance du procureur, elle a dit notre bain, notre sortie au cinéma, notre rentrée chez moi. [...] Le silence était complet dans la salle quand elle a eu fini. Le procureur s'est alors levé, très grave et d'une voix que j'ai trouvée vraiment émue, le doigt tendu vers moi, il a articulé lentement :

« Messieurs les jurés, le lendemain de la mort de sa mère, cet homme prenait des bains, commençait une liaison irrégulière, et allait rire devant un film comique. Je n'ai rien de plus à vous dire. » Il s'est assis, toujours dans le silence.

1. **feuilleter** : tourner les pages en regardant rapidement.

CAMUS, *L'Étranger*

Marcello Mastroianni est Meursault,
dans L'Étranger, *film de Luchino Visconti, 1967.*

21

1. Soulignez de façon différente les passages au style direct et indirect.

2. Remplissez ensuite la grille suivante :

	Discours direct	Discours indirect
Verbes introducteurs		
Temps employés		

3. Transposez ensuite toute la scène décrite au style direct, comme si vous deviez préparer le scénario d'un film.

Texte 2

Après l'ennui de cette déception, son cœur, de nouveau, resta vide, et alors la série des mêmes journées recommença.

Elles allaient donc maintenant se suivre ainsi à la file, toujours pareilles, innombrables, et n'apportant rien ! Les autres existences, si plates qu'elles fussent, avaient du moins la chance d'un événement. Une aventure amenait parfois des péripéties à l'infini, et le décor changeait. Mais, pour elle, rien n'arrivait, Dieu l'avait voulu ! L'avenir était un corridor tout noir, et qui avait au fond sa porte bien fermée.

Elle abandonna la musique : Pourquoi jouer ? Qui l'entendrait ? Puisqu'elle ne pourrait jamais, en robe de velours à manches courtes, sur un piano d'Érard, dans un concert, battant de ses doigts légers les touches d'ivoire, sentir comme une brise, circuler autour d'elle un murmure d'extase, ce n'était pas la peine de s'ennuyer à étudier. Elle laissait dans l'armoire ses cartons à dessin et la tapisserie. À quoi bon ? À quoi bon ? La couture l'irritait.

J'ai tout lu, se disait-elle.

Et elle restait à faire rougir les pincettes [1], ou regardant la pluie tomber.

1. **pincettes** (f. pl.) : longues pinces pour attiser le feu.

FLAUBERT, *Madame Bovary*

1. Distinguez d'abord dans le texte les parties concernant la narration proprement dite, le discours indirect libre et le discours direct. Remplissez ensuite la grille suivante :

	Narration	Discours indirect libre	Discours direct
Temps employé(s)			
Identité de l'émetteur			

2. Est-ce que la phrase « les autres existences… » appartient au discours indirect libre ? Justifiez votre réponse.

3. Quelle est la fonction des points d'exclamation et d'interrogation dans les parties du discours indirect libre ?

4. Est-ce que la phrase « *Elle abandonna la musique* » représente la voix du narrateur ?

5. Est-ce que le narrateur fait remarquer sa présence ou bien cherche-t-il à s'effacer derrière le monologue intérieur d'Emma pour que sa représentation de l'ennui soit plus réelle ?

6. Dans son souci d'arriver à écrire dans un style parfait, Flaubert a écrit une douzaine de fois ce texte avant d'arriver à cette version définitive. A-t-il réussi à donner au lecteur une idée réelle de l'ennui d'Emma ? Justifiez votre réponse en exprimant votre opinion.

Texte 3

Il a envie de se pencher, d'étendre la main, mais il n'ose pas… Elle est là en face de lui sur le divan, il voit sans avoir besoin de la regarder ses yeux grands ouverts, déjà un peu humides, implorants, il entend sa voix tremblante d'inquiétude, contenue de souffrance : « Écoute, Pierre, c'est grave, je t'assure, je ne t'aurais pas fait venir pour rien. Il faut absolument que tu saches… Alain a été… tu ne peux pas t'imaginer… je me fais beaucoup de mauvais sang… » Non, impossible, il faut se retenir, ce serait comme ce geste malheureux qu'il a eu (elle s'en souvient encore, sûrement, le lui a-t-on assez reproché, c'est une de ces choses que la famille n'oublie pas, cela colle à vous pour toujours), quand il a allumé une cigarette aussitôt après avoir fait ses adieux à leur grand-mère, tandis qu'il était encore sur les marches du perron [1] et que sa pauvre grand-mère le suivait des yeux en pleurant.

1. **perron** (m.) : escalier extérieur se terminant par une plate-forme.

SARRAUTE, *Le Planétarium*

Lisez le texte et essayez de distinguer d'abord les parties au style indirect libre qui représentent le monologue intérieur et la partie au discours direct :

1. Est-ce que le locuteur du monologue intérieur est un homme ou une femme ?

2. Qui est le locuteur du discours direct ?

3. Nathalie Sarraute essaie de représenter avec son style la « sous-conversation ». D'après ce texte, que signifie ce terme, à votre avis ?

4. Quel type de discours rend l'idée de cette « conversation intérieure » qui a lieu dans la pensée ? Justifiez votre réponse.

5. La phrase

La construction de la phrase

Dans un texte littéraire la construction même de la phrase constitue un fait de style car elle détermine le rythme.

En effet, l'auteur manipule le langage pour donner à son œuvre, selon le cas, une idée de lenteur, de rapidité, de mouvement, de rupture...

On peut, en règle générale, classer les types de phrases en plusieurs catégories.

La phrase verbale simple

C'est une phrase composée d'un groupe sujet + un groupe verbal + un complément. On la trouve très facilement dans tous les types de texte et, en particulier, dans les textes explicatifs.

La présence de plusieurs phrases de ce type contribue à accélérer le rythme du texte.

La phrase nominale

C'est un type de phrase non verbale, car le verbe est absent et la phrase repose sur un nom.

En tant qu'élément du style d'un écrivain, elle contribue à accélérer le rythme d'un récit ou bien à souligner certaines exclamations.

La phrase verbale complexe

Elle est composée d'une proposition principale suivie d'une ou plusieurs propositions subordonnées. On la trouve dans tous les types de texte et l'analyse de ses éléments (verbes, substantifs, adjectifs...) est indispensable pour caractériser le style de l'auteur. En général, ce type de phrase ralentit le rythme du texte.

La période

C'est une phrase très longue comprenant plusieurs propositions. On la trouve principalement dans les textes argumentatifs ou dans le style de certains écrivains tels que Proust.

Le rythme des phrases

L'influence de la structure de la phrase sur le rythme varie selon le type de texte et la situation d'énonciation. Cependant, on peut distinguer des rythmes bien définis :

- le **rythme binaire** quand la phrase est divisée en deux parties de la même longueur. Il en résulte un effet de symétrie qui permet de mieux souligner l'opposition entre deux idées différentes.

- le **rythme ternaire** quand la phrase est divisée en trois parties ayant la même longueur et la même construction. Ce rythme souligne souvent la simultanéité.

- le **rythme énumératif** dont les effets varient selon les éléments énumérés :

Type d'énumération		Effet produit
Énumération des noms	→	abondance, intention didactique
Énumération des adjectifs	→	souci de précision
Énumération des verbes	→	mouvement, rapidité

Texte 1

Ils rigolent énorme au « Touit-Touit [1] » ! Ça s'esclaffe [2] ! Des fous ! Hommes et femmes !... Il s'est pas trompé Mille Pattes... C'est une joie terrible !... Si ils se donnent !... C'est une cuve toute en lumière... des glaces... des miroirs tournants !... On dégringole [3]... on débouline... nous tous les trois !... Un fameux renfort !... une cuve qui bouille de joie... des cris... et ça chante au refrain tous en chœur !...

1. **Touit** : nom d'une boîte de nuit.

2. **s'esclaffer** : éclater de rire bruyamment.

3. **dégringoler** : descendre très rapidement.

CÉLINE, *Le Pont de Londres*

1. Quels types de phrases repérez-vous dans cet extrait ?

2. Quel est l'effet obtenu par l'auteur ?

3. Est-ce que le rythme mime le contenu ? Justifiez votre réponse.

Texte 2

C'est au mois de Marie que je me souviens d'avoir commencé à aimer les aubépines [1]. N'étant pas seulement dans l'église, si sainte, mais où nous avions le droit d'entrer, posées sur l'autel [2] même, inséparables des mystères à la célébration desquels elles prenaient part, elles faisaient courir au milieu des flambeaux et des vases sacrés leurs branches attachées horizontalement les unes aux autres en un apprêt [3] de fête, et qu'enjolivaient [4] encore les festons de leur feuillage sur lequel étaient semés à profusion, comme sur une traîne [5] de mariée, de petits bouquets de boutons d'une blancheur éclatante.

1. **aubépine** (f.) : arbuste épineux à fleurs blanches ou roses.

2. **autel** (m.) : table où l'on célèbre la messe.

3. **apprêt** (m.) : préparatif.

4. **enjoliver** : embellir.

5. **traîne** (f.) : bas d'un vêtement qui traîne à terre derrière une personne qui marche.

PROUST, *À la recherche du temps perdu*

1. Combien de phrases y a-t-il dans cet extrait de Proust ?

2. De quels types de phrases s'agit-il ?

3. Quels sont les sujets de ces phrases ?

4. Quelles impressions vous suggère le style de l'écrivain ?

Texte 3

Depuis quatre jours, la forêt.

Depuis quatre jours, campements près des villages nés d'elle comme leurs bouddhas de bois, comme le chaume[1] de palmes de leurs huttes[2] sorties du sol mou en monstrueux insectes ; décomposition de l'esprit dans cette lumière d'aquarium, d'une épaisseur d'eau. Ils avaient rencontré déjà des petits monuments écrasés, aux pierres si serrées par les racines qui les fixaient au sol comme des pattes qu'ils ne semblaient plus avoir été élevés par des hommes mais par des êtres disparus habitués à cette vie sans horizon, à ces ténèbres marines. Décomposée par les siècles, la Voie ne montrait sa présence que par ces masses minérales pourries, avec les deux yeux de quelque crapaud[3] immobile dans un angle des pierres. Promesses ou refus, ces monuments abandonnés par la forêt comme des squelettes ? La caravane allait-elle enfin atteindre le temple sculpté vers quoi la guidait l'adolescent qui fumait sans discontinuer les cigarettes de Perken ? Ils auraient dû être arrivés depuis trois heures... La chaleur et la forêt étaient pourtant plus fortes que l'inquiétude : Claude sombrait comme dans une maladie dans cette fermentation où les formes se gonflaient, s'allongeaient, pourrissaient hors du monde dans lequel l'homme compte, qui le séparait de lui-même avec la force de l'obscurité. Et partout, les insectes.

1. **chaume** (m.) : paille.
2. **hutte** (f.) : cabane.
3. **crapaud** (m.) : batracien recouvert d'une peau verruqueuse.

MALRAUX, *La Voie royale*

1. Distinguez dans le texte : les phrases nominales, les phrases verbales simples et les phrases verbales complexes.

2. Quel est l'effet produit par les phrases nominales ?

3. Y a-t-il des passages où le rythme est énumératif ?

Temples d'Angkor.

Tant que les hommes se contentèrent de leurs cabanes rustiques, tant qu'ils se bornèrent à coudre leurs habits de peaux avec des épines ou des arêtes[1], à se parer[2] de plumes et de coquillages, à se peindre le corps de diverses couleurs, à perfectionner ou embellir leurs arcs et leurs flèches, à tailler avec des pierres tranchantes quelques canots[3] de pêcheur, ou quelques grossiers instruments de musique, en un mot, tant qu'ils ne s'appliquèrent qu'à des ouvrages qu'un seul pouvait faire, et qu'à des arts qui n'avaient pas besoin du concours de plusieurs mains, ils vécurent libres, sains, bons et heureux autant qu'ils pouvaient l'être par leur nature et continuèrent à jouir entre eux des douceurs d'un commerce indépendant, mais dès l'instant qu'un homme eut besoin du secours d'un autre, dès qu'on s'aperçut qu'il était utile à un seul d'avoir des provisions pour deux, l'égalité disparut, la propriété s'introduisit, le travail devint nécessaire et les vastes forêts se changèrent en des campagnes riantes qu'il fallut arroser de la sueur des hommes, et dans lesquelles on vit bientôt l'esclavage et la misère germer et croître avec les moissons[4].

1. **arête** (f.) : tige du squelette des poissons.

2. **se parer** : se vêtir.

3. **canot** (m.) : barque.

4. **moisson** (f.) : récolte.

ROUSSEAU, *Discours sur l'origine de l'inégalité*

1. Combien de phrases y a-t-il dans cet extrait ?

2. Dites s'il s'agit d'une :
   a. phrase nominale ;   **b.** phrase simple ;   **c.** période.

3. Quelle est la proposition principale ?

4. Quel est l'effet produit par l'accumulation de subordonnées ?

Frontispice du Discours sur l'origine de l'inégalité, *édition originale, 1755.*

Les faits de style

1. Les temps verbaux

Les indicateurs verbaux d'un texte représentent un fait de style très important parce que chaque verbe donne des informations implicites sur la situation de l'énonciation. Quand on analyse un texte, il est très important de tenir compte des temps et modes verbaux.

Le mode indicatif

Les temps appartenant au mode indicatif indiquent des actions réelles.

Le présent indicatif

Ce présent peut correspondre soit à une action qui est en train de se faire au moment de l'énonciation, soit à une action du passé si le présent est employé à la place du passé simple (présent historique ou présent de narration) ou encore à une vérité générale.

En outre, on peut quelquefois trouver un présent de l'indicatif dans un énoncé au passé si l'auteur désire rendre l'action plus dramatique ou tout simplement attirer l'attention du lecteur sur un certain événement ou une certaine situation.

Le passé simple

Ce temps indique une action ponctuelle, qui a eu lieu à un moment précis du passé. C'est un temps que les écrivains utilisent souvent dans les récits, pour raconter des événements.

Le passé composé

Il a une fonction semblable à celle du passé simple. On le trouve dans les dialogues, quand l'écrivain utilise une langue proche de ceux qui parlent, ou bien dans les récits où l'auteur décide de l'employer à la place du passé simple (*L'Étranger* de Camus).

L'imparfait

Ce temps se différencie du passé simple car il n'indique pas le commencement d'une action dans le temps, mais il souligne la durée ou la répétition. C'est pourquoi on l'utilise surtout pour les descriptions ou pour raconter des événements qui se répètent dans le temps. L'alternance de l'imparfait avec le passé simple indique des moments différents de l'énonciation.

Le plus-que-parfait

Il indique une action antérieure au moment de l'énonciation.

Le mode subjonctif

Contrairement à l'indicatif, le subjonctif n'exprime pas une action réelle, mais plutôt un souhait, un sentiment, un ordre, un doute... On le trouve principalement dans des subordonnées.

28

Les fonctions du conditionnel sont nombreuses. Il peut indiquer : une action possible ou imaginaire ; une anticipation par rapport au moment de l'énonciation (futur dans le passé) ; un souhait ; le fait que l'émetteur ne prend pas l'opinion exprimée à son compte.

> **Le mode conditionnel**

C'est le temps qu'on utilise pour exprimer un ordre, une prière.
Il marque dans la plupart des cas une exclamation ou une injonction.

> **Le mode impératif**

C'est un mode impersonnel qui dépend généralement d'un verbe conjugué, mais, s'il est employé seul, on parle d'infinitif de narration exprimant une action ou un ordre.

> **Le mode infinitif**

C'est un mode impersonnel. Employé au présent, il indique une action qui est en train de se dérouler (il faut rappeler à ce propos que le participe remplace souvent une proposition relative). S'il est employé au passé, il indique une action accomplie. Dans le cadre du gérondif, le participe peut en outre être l'équivalent d'une subordonnée circonstancielle.

> **Le mode participe**

ACTIVITÉS

Texte 1

Tandis qu'il raisonnait, l'air s'obscurcit, les vents soufflèrent des quatre coins du monde, et le vaisseau fut assailli de la plus horrible tempête, à la vue du port de Lisbonne.

La moitié des passagers, affaiblis, expirants de ces angoisses inconcevables que le roulis d'un vaisseau porte dans les nerfs et dans toutes les humeurs du corps agitées en sens contraire, n'avait pas même la force de s'inquiéter du danger. L'autre moitié jetait des cris et faisait des prières ; les voiles étaient déchirées, les mâts[1] brisés, le vaisseau entrouvert. Travaillait qui pouvait, personne ne s'entendait, personne ne commandait. L'anabaptiste aidait un peu à la manœuvre ; il était sur le tillac[2], un matelot furieux le frappe rudement et l'étend sur les planches ; mais du coup qu'il lui donna, il eut lui-même une si violente secousse qu'il tomba hors du vaisseau, la tête la première. Il restait suspendu et accroché à une partie de mât rompu. Le bon Jacques court à son secours, l'aide à remonter, et de l'effort qu'il fit, il est précipité dans la mer à la vue du matelot, qui le laissa périr sans daigner seulement le regarder. Candide approche, voit son bienfaiteur qui reparaît un moment, et qui est englouti pour jamais.

VOLTAIRE, *Candide*

1. **mât** (m.) : long poteau dressé au-dessus du pont d'un bateau.

2. **tillac** (m.) : pont supérieur des anciens navires.

29

Le Naufrage *de Carle Vernet.*

Lisez ce texte de Voltaire et soulignez de la même couleur les verbes qui sont conjugués aux mêmes temps.

1. Quel est le temps de la narration ?

2. Que représente l'imparfait ?

3. Quelle est la fonction du présent indicatif ?

Texte 2

Le 15 septembre 1840, vers six heures du matin, *La ville-de-Montereau*, près de partir, fumait à gros tourbillons devant le quai Saint-Bernard.

Des gens arrivaient hors d'haleine ; des barriques[1], des câbles[2], des corbeilles de linge gênaient la circulation ; les matelots ne répondaient à personne ; on se heurtait ; les colis montaient entre les deux tambours, et le tapage[3] s'absorbait dans le bruissement de la vapeur, qui, s'échappant par des plaques de tôle[4], enveloppait tout d'une nuée blanchâtre, tandis que la cloche, à l'avant, tintait sans discontinuer.

Enfin le navire partit ; et les deux berges, peuplées de magasins, de chantiers et d'usines, filèrent comme deux larges rubans que l'on déroule.

Un jeune homme de dix-huit ans, à longs cheveux et qui tenait un album sous ses bras, restait auprès du gouvernail[5], immobile. À travers le brouillard, il contemplait des clochers, des édifices dont il ne savait pas les noms ; puis il embrassa, dans un dernier coup d'œil, l'île Saint-Louis, la Cité, Notre-Dame ; et bientôt, Paris disparaissant, il poussa un grand soupir.

1. **barrique** (f.) : tonneau d'environ 200 litres.

2. **câble** (m.) : corde.

3. **tapage** (m.) : bruit violent.

4. **tôle** (f.) : fer an acier laminé.

5. **gouvernail** (m.) : barre servant à régler la direction d'un navire.

FLAUBERT, *L'Éducation sentimentale*

Considérez chacun des quatre paragraphes et l'alternance des indicateurs verbaux.

1. Est-ce que l'imparfait du premier paragraphe indique un commencement dans le temps ?

2. Que représentent les imparfaits du deuxième paragraphe ?

3. Quelle est la fonction des verbes du troisième paragraphe ? Montrez que le présent indicatif indique quelque chose d'intemporel.

4. Qu'indiquent les verbes du quatrième paragraphe ? Quelle est la fonction du participe présent ?

Un quai de la Seine, en 1894.

Texte 3

Il voyagea.

Il connut la mélancolie des paquebots, les froids réveils sous la tente, l'étourdissement des paysages et des ruines, l'amertume des sympathies interrompues.

Il revint.

Il fréquenta le monde, et il eut d'autres amours encore. Mais le souvenir continuel du premier les lui rendait insipides ; et puis la véhémence du désir, la fleur même de la sensation était perdue. Ses ambitions d'esprit avaient également diminué. Des années passèrent ; et il supportait le désœuvrement[1] de son intelligence et l'inertie de son cœur.

Vers la fin de mars 1867, à la nuit tombante, comme il était seul dans son cabinet, une femme entra.

1. **désœuvrement** (m.) : état d'une personne inactive.

– Madame Arnoux !

– Frédéric !

Elle le saisit par les mains, l'attira doucement vers la fenêtre, et elle le considérait tout en répétant :

C'est lui ! C'est donc lui !

– Dans la pénombre du crépuscule, il n'apercevait que ses yeux sous la voilette de dentelle noire qui masquait sa figure.

FLAUBERT, *L'Éducation sentimentale*

Examinez d'abord l'enchaînement des phrases dans ce passage.

1. Quel est l'effet produit par le fait que l'auteur va à la ligne après le premier verbe au passé simple ? Vous suggère-t-il une idée de silence, de durée ?

2. Qu'indiquent les passés définis de la première partie du texte (jusqu'à … *son cœur*) : une action ponctuelle ou bien une valeur absolue ?

3. Quelle est la fonction des passés définis de la deuxième partie ? Y a-t-il des indicateurs spatio-temporels qui précisent cette fonction ? Est-ce que ces mêmes indicateurs sont présents dans la première partie du texte ? Est-ce que le passé défini, dans ce texte, a toujours la même fonction ? Justifiez votre réponse.

4. La sensation de durée est suggérée aussi par un autre temps : lequel ?

Un salon en 1832 par Eugène Lami.

32

2. Le lexique

L'analyse du lexique d'un texte est très importante non seulement pour comprendre le sens du texte, mais aussi pour en apprécier l'effet poétique. Les mots dont l'auteur se sert pour s'exprimer ne sont presque jamais le fruit du hasard, mais le résultat d'une recherche esthétique.

Le réseau (ou champ) lexical représente un ensemble de mots qui appartiennent au même thème ou qui évoquent ce thème.

Le réseau lexical

La présence d'un seul champ lexical ou, au contraire, le mélange de plusieurs réseaux dans un texte nous donnent des informations très importantes sur les intentions et les sentiments de l'auteur.

La variété des champs lexicaux que l'on peut trouver est immense. Cependant, on peut essayer d'indiquer quelques repères pour le classement et l'analyse de ces réseaux en tenant compte des effets de style recherchés par l'auteur.

Intention de l'auteur	Caractéristiques du champ lexical employé
Précision technique ou scientifique	Si l'auteur désire expliquer, décrire quelque chose de manière neutre et technique, il utilise un vocabulaire aussi précis que possible.
Expression de ses sentiments, de ses impressions	Dans ce cas l'auteur peut faire appel au réseau des sens (odorat, goût, vue, ouïe, toucher), des sentiments… Les verbes indiquant le mouvement ou l'immobilité sont très importants aussi, tout comme ceux qui se réfèrent aux quatre éléments : feu, terre, eau, air.
Recherche d'un effet poétique	Cette recherche se caractérise souvent par le recours à des champs lexicaux qui n'ont rien à voir avec le thème traité. Dans ce cas, l'effet poétique est créé par le contraste entre le thème abordé et le lexique utilisé. Autrement, l'effet poétique est créé uniquement grâce au lexique.

La dénotation et la connotation

En examinant le texte, il faut tenir compte non seulement du sens objectif et explicite des mots, mais aussi de leur signification subjective et implicite.

La **dénotation** représente le sens explicite d'un mot, celui qui est donné par le dictionnaire et est compris par tous ceux qui parlent la langue.

La **connotation** indique, au contraire, le sens implicite, la valeur subjective d'un mot, c'est-à-dire l'ensemble des suggestions que ce mot provoque quand il est associé à d'autres réalités. Les textes littéraires sont généralement connotatifs en ce qu'ils ne se limitent pas à donner des informations neutres et objectives, mais ils présentent une langue employée par l'auteur de façon subjective, avec des associations culturelles, appréciatives, thématiques...

ACTIVITÉS

1. Trouvez dans un dictionnaire le sens dénoté du mot « montagne ».
   Dites ensuite quelles connotations ce mot peut avoir pour les personnes suivantes :

   – un skieur   – un alpiniste   – un randonneur
   – un géologue   – un automobiliste – un botaniste

2. En donnant un nom à ses personnages, un auteur nous suggère souvent une idée de sa personnalité, de son destin... Imaginez donc les connotations liées aux personnages suivants : Cendrillon, Plume, Félicité, Bel-Ami, Chéri, Candide, Pangloss.

Le boulevard des Capucines, *par Jean Béraud, où Bel-ami a flâné.*

Candide s'enfuit, épouvanté, par les horreurs de la guerre.

Les jours d'orage en été, je montais au haut de la grosse tour... de l'ouest. Le roulement du tonnerre sous les combles [1] du château, les torrents de pluie qui tombaient en grondant sur le toit pyramidal des tours, l'éclair qui sillonnait la nue et marquait d'une flamme électrique les girouettes d'airain [2], excitaient mon enthousiasme : comme Ismen sur les remparts de Jérusalem, j'appelais la foudre ; j'espérais qu'elle m'apporterait Armide.

Le ciel était-il serein ? je traversais le grand Mail, autour duquel étaient des prairies divisées par des haies plantées de saules [3]. J'avais établi un siège, comme un nid dans un de ces saules : là, isolé entre le ciel et la terre, je passais des heures avec des fauvettes [4] ; ma nymphe était à mes côtés. J'associais également son image à la beauté de ces nuits de printemps toutes remplies de la fraîcheur de la rosée, des soupirs du rossignol et du murmure des brises.

D'autres fois, je suivais un chemin abandonné, une onde ornée de ses plantes rivulaires ; j'écoutais les bruits qui sortent des lieux infréquentés ; je prêtais l'oreille à chaque arbre ; je croyais entendre la clarté de la lune chanter dans les bois : je voulais redire ces plaisirs et les paroles expiraient sur mes lèvres.

CHATEAUBRIAND, *Mémoires d'outre-tombe*

1. **les combles** (m. pl.) : le toit.

2. **airain** (m.) : bronze.

3. **saule** (m.) : arbre qui pousse dans les lieux humides.

4. **fauvette** (f.) : petit oiseau.

Lisez le texte et remplissez la grille suivante :

Verbes	Adjectifs	Substantifs

1. Y a-t-il des verbes de mouvement ? Quel type de mouvement suggèrent-ils ?
2. Quels sont les mots qui appartiennent au réseau lexical de la hauteur ? Est-ce que ces mots sont liés aux verbes de mouvement ?
3. Quelle aspiration de l'auteur traduisent-ils ?
4. Repérez le réseau lexical concernant en particulier un des cinq sens.
   – De quel sens s'agit-il ?
   – Quels sont les mots qui vous le font comprendre ?
5. Cherchez les connotations données aux adjectifs suivants : « isolé », « abandonné », « infréquentés ».
   De quelle façon reflètent-ils l'état d'âme de l'émetteur ?
6. Soulignez les passages qui contiennent des connotations culturelles.

Texte 2

En effet, de ces innombrables voitures qui sillonnaient [1] la chaussée des boulevards, le plus grand nombre marchait sans chevaux ; elles se mouvaient par une force invisible, au moyen d'un moteur à air dilaté par la combustion du gaz. C'était la machine Lenoir appliquée à la locomotion.

Cette machine, inventée en 1859, avait pour premier avantage de supprimer la chaudière, foyer et combustible ; un peu de gaz d'éclairage, mêlé à de l'air introduit sous le piston et enflammé par l'étincelle électrique, produisait le mouvement ; des bornes-gaz établies aux diverses stations des voitures fournissaient l'hydrogène nécessaire ; des perfectionnements nouveaux avaient permis de supprimer l'eau destinée autrefois à refroidir le cylindre de la machine.

1. **sillonner** : parcourir.

VERNE, *Paris au XXᵉ siècle*

Faites d'abord une liste des verbes, des substantifs et des adjectifs présents dans le texte.

1. À quel réseau lexical se réfèrent la plupart des mots ?

2. Est-ce que ces termes sont employés de façon connotative ou dénotative ?

3. Considérez le participe *enflammé* et dites s'il est employé ici au sens propre ou au sens figuré. Vous connaissez des expressions où ce participe peut prendre d'autres connotations au sens figuré ? Cherchez des exemples dans un dictionnaire si nécessaire.

4. Est-ce que l'auteur a essayé de donner à ce texte un effet poétique ? Justifiez votre réponse.

La Panhard-Levassor, voiture à deux places.

Log-book – Ce qui a le plus changé dans ma vie, c'est l'écoulement du temps, sa vitesse et même son orientation. Jadis chaque journée, chaque heure, chaque minute était *inclinée* en quelque sorte vers la journée, l'heure ou la minute suivante, et toutes ensemble étaient aspirées par le dessein du moment dont l'inexistence provisoire créait comme un *vacuum*. Ainsi le temps passait vite et utilement, d'autant plus vite qu'il était plus utilement employé, et il laissait derrière lui un amas de monuments et de détritus qui s'appelait mon histoire. Peut-être cette chronique dans laquelle j'étais embarqué aurait-elle fini après des millénaires de péripéties par « boucler » et par revenir à son origine. Mais cette circularité du temps demeurait le secret des dieux, et ma courte vie était pour moi un segment rectiligne dont les deux bouts pointaient absurdement vers l'infini, de même que rien dans un jardin de quelques arpents [1] ne révèle la sphéricité de la terre. Pourtant certains indices nous enseignent qu'il y a des clefs pour l'éternité : l'almanach, par exemple, dont les saisons sont un éternel retour à l'échelle humaine, et même la modeste ronde des heures.

Pour moi désormais, le cycle s'est rétréci au point qu'il se confond avec l'instant. Le mouvement circulaire est devenu si rapide qu'il ne se distingue plus de l'immobilité. On dirait, par suite, que mes journées se sont redressées. Elles ne basculent plus les unes sur les autres. Elles se tiennent debout, verticales, et s'affirment fièrement dans leur valeur intrinsèque. Et comme elles ne sont plus différenciées par les étapes successives d'un plan en voie d'exécution, elles se ressemblent au point qu'elles se superposent exactement dans ma mémoire et qu'il me semble revivre sans cesse la même journée.

Depuis que l'explosion a détruit le mât-calendrier, je n'ai pas éprouvé le besoin de tenir le compte de mon temps.

1. **arpent** (m.) : ancienne mesure agraire.

TOURNIER, *Vendredi ou les limbes du Pacifique*

Lisez le texte et remplissez d'abord la grille suivante :

Verbes	Adjectifs	Substantifs

1. Quel est le champ lexical dominant ?

2. Que suggèrent les verbes ?

3. Considérez les mots *monuments* et *détritus*. Est-ce qu'ils sont employés au sens propre ou au sens figuré ? Quelles sont leurs connotations ?

4. Qu'entend l'auteur par *la modeste ronde des heures* ?

5. À quoi vous fait penser *le mouvement circulaire* qui ne se distingue plus de l'immobilité ?

6. Montrez de quelle façon les adjectifs *inclinée* et *redressées* représentent le changement dans l'écoulement du temps selon le narrateur.

Texte 4

Le bifteck participe à la même mythologie sanguine que le vin. C'est le cœur de la viande, c'est la viande à l'état pur, et quiconque en prend, s'assimile la force taurine [1]. De toute évidence, le prestige du bifteck tient à sa quasi-crudité : le sang y est visible, naturel, dense, compact et sécable à la fois ; on imagine bien l'ambroisie [2] antique sous cette espèce de matière lourde qui diminue sous la dent de façon à bien faire sentir dans le même temps sa force d'origine et sa plasticité à s'épancher dans le sang même de l'homme. Le sanguin est la raison d'être du bifteck : les degrés de sa cuisson sont exprimés, non pas en unités caloriques, mais en images de sang ; le bifteck est *saignant* (rappelant alors le flot artériel de l'animal égorgé), ou *bleu* (et c'est le sang lourd, le sang pléthorique [3] des veines qui est ici suggéré par le violine, état superlatif du rouge).

BARTHES, *Mythologies*

1. **taurin** : relatif au taureau.

2. **ambroisie** (f.) : nourriture des dieux de l'Olympe, source d'immortalité.

3. **pléthorique** : abondant.

Faites d'abord une liste des verbes, des adjectifs et des substantifs de ce texte.

1. Quel est le champ lexical dominant ? Quels sont l'adjectif et le substantif que l'auteur répète le plus souvent ?
2. Quelles sont les connotations des adjectifs *saignant* et *bleu* exprimées par l'auteur ?
3. Quelles sont les connotations culturelles du mot *ambroisie* ?
4. Est-ce que ce texte vous décrit le bifteck de manière dénotative ? Justifiez votre réponse.

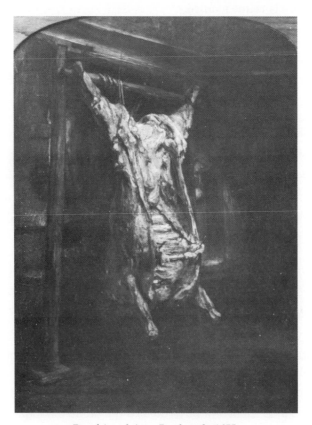

Bœuf écorché *par Rembrandt, 1655.*

3. Les figures de style

On appelle figures de style les procédés à travers lesquels l'auteur attire l'attention du lecteur grâce à des « tropes » (= déplacements, en grec) du langage qui constituent des associations qui ne sont pas logiques.

En effet, pour l'écrivain la langue n'est pas seulement un instrument de communication, mais aussi un moyen de création artistique dont le sens n'est pas dit de façon immédiate, mais par le truchement de figures. Par exemple, l'expression « verser le sang » employée au lieu de « tuer, assassiner ... » représente une manière de dire la chose en déplaçant l'attention, en faisant un détour, un trope.

Ces figures appartiennent à la rhétorique, c'est-à-dire « l'art de bien parler », une discipline que les Grecs, en particulier Aristote dans sa *Poétique*, ont défini depuis très longtemps.

Les figures de style ont été divisées en plusieurs groupes.

La comparaison

À travers ce trope on assimile un champ lexical à un autre et on rapproche deux réalités en employant un terme de comparaison : comme, tel, pareil à...

Par exemple : « Être têtu comme une mule ».

Plus le rapprochement est original, plus on crée un effet de surprise.

La métaphore

Contrairement à la comparaison, la métaphore rapproche deux champs lexicaux différents sans utiliser de terme de comparaison. Elle représente un écart dans l'énoncé à cause de l'incompatibilité logique entre les termes qu'elle associe.

Cette figure crée des rapprochements inattendus qui frappent l'imagination.

Tous les mots peuvent s'employer métaphoriquement :

– métaphore du nom : cet homme est un *renard* ;

– métaphore de l'adjectif : une vie *orageuse* ;

– métaphore du participe : *glacé* de crainte ;

– métaphore du verbe : il *fume* de rage ;

– métaphore de l'adverbe : répondre *sèchement*, recevoir *froidement*.

La métaphore peut indiquer le passage d'une chose animée à une chose inanimée ou vice-versa ou encore le rapprochement d'une chose animée à une autre chose animée.

La personnification

On parle de personnification quand on attribue des caractéristiques humaines à une chose, un animal, une réalité. On peut trouver une personnification des objets ou des animaux, par exemple dans les *Contes* de Perrault et dans les *Fables* de La Fontaine.

Les figures d'analogie

| **Les figures d'opposition** | **L'antithèse** |
| | Cette figure met en relation deux mots de sens contraire à l'intérieur du même énoncé. |

« Je voyais là ce Rien que nous appelons Tout »   HUGO, *La Légende des siècles*

L'oxymore

C'est une figure qui, en rapprochant dans la même unité grammaticale deux mots opposés, crée une image neuve.

« Cette obscure clarté qui tombe des étoiles. »   CORNEILLE, *Le Cid*

Le chiasme

Il consiste à faire suivre deux expressions symétriques où les mêmes éléments syntaxiques sont invertis.

« Leur forme était semblable, et semblable la danse. »   VIGNY, *La mort du loup*

| **Les figures de substitution** | **La métonymie** |
| | C'est une figure qui consiste à remplacer un mot par un autre mot qui se rapproche au mot substitué par un lien de contiguïté : la cause pour l'effet ou vice-versa ; le contenant pour le contenu ; le nom du lieu où l'objet est produit... |

« Boire un verre d'eau » ; « c'est un Capodimonte ».

La synecdocque

C'est une forme particulière de métonymie qui consiste à désigner quelque chose à travers une partie de la chose elle-même.

« Être à l'abri sous le toit » (= la maison)

La périphrase

Elle consiste à décrire un objet / un être sans le nommer directement à travers une tournure.

« Des appartements d'une extrême fraîcheur où l'on était
jamais incommodé du soleil » (= prisons)   VOLTAIRE, *Candide*

L'euphémisme

Il remplace un autre mot (ayant souvent des connotations négatives) en atténuant son sens.

« Il n'est plus » (= il est mort)

| **Les figures d'insistance** | **La répétition** |
| | Elle consiste à répéter un mot dont on veut souligner l'importance. |

« Waterloo ! Waterloo ! Waterloo ! morne plaine »   HUGO, *Les Châtiments*

L'accumulation

C'est une série de mots de même nature séparés par des virgules.

« Gloire, jeunesse, orgueil, biens
que la tombe emporte ! »

HUGO, *Les Chants du crépuscule*

L'anaphore

Cette figure consiste à répéter le même mot au début d'un vers, d'une phrase, d'un paragraphe.

« Adieu, tente de pourpre aux penaches mouvants,
Adieu, le cheval blanc que César éperonne ! »

HUGO, *Les Châtiments*

L'hyperbole

Dans cette figure on emploie des termes exagérés par rapport à ce dont on parle.

« Verser des torrents de larmes. »

La gradation

Cette figure consiste à énumérer des termes dont l'intensité est croissante ou décroissante.

« Je me meurs, je suis mort, je suis enterré. »

MOLIÈRE, *L'Avare*

L'Avare, *Acte IV, scène 7, gravure de Chasselot.*

4. Les sonorités

Le style est composé non seulement de mots formant des figures particulières, mais aussi de sons qui, dans la prose tout comme dans la poésie, contribuent à suggérer des effets et à nuancer le sens de l'énoncé. Parmi les différents types de sonorités, on distingue :

La rime, qui répète le même son à la fin de deux ou plusieurs vers ; on parle de rime intérieure quand le son est répété au milieu et à la fin du vers (page 85).

L'allitération, quand le même son formé par des consonnes revient dans des mots voisins.

L'effet produit varie en fonction des lettres répétées :

Les consonnes P, T, K, B, D, G donnent une impression de bruit, de dureté ; le R, sonorité vibrante, suggère une impression de force, de roulement ; L, FL, FR, V, M, N, F, sonorités liquides, donnent une idée de douceur, de calme ; S, Z, CH, J, sonorités sifflantes, suggèrent des bruits faibles, le sifflement, la colère.

L'assonance, quand le même son formé par des voyelles est présent dans des mots voisins.

Les sonorités en A, E, I, O, U, É, AI sont claires et donnent une idée de netteté, de légèreté.

Les sonorités des voyelles nasales AN, ON, IN, OIN, UN... et des groupes AU, OU, EU suggèrent une idée de pesanteur, de lenteur ou de tristesse.

Caricature d'Arthur Rimbaud peignant les voyelles.

Texte 1

Plus la saison était triste, plus elle était en rapport avec moi : le temps des frimas [1], en rendant les communications moins faciles, isole les habitants des campagnes : on se sent mieux à l'abri des hommes.

Un caractère moral s'attache aux scènes de l'automne : ces feuilles qui tombent comme nos ans, ces fleurs qui se fanent comme nos heures, ces nuages qui fuient comme nos illusions, cette lumière qui s'affaiblit comme notre intelligence, ce soleil qui se refroidit comme nos amours, ces fleuves qui se glacent comme notre vie, ont des rapports secrets avec nos destinées.

Je voyais avec un plaisir indicible le retour de la saison des tempêtes, le passage des cygnes et des ramiers [2], le rassemblement des corneilles dans la prairie de l'étang, et leur perchée à l'entrée de la nuit sur les plus hauts chênes du grand Mail. Lorsque le soir élevait une vapeur bleuâtre au carrefour des forêts, que les complaintes ou les lais [3] du vent gémissaient dans les mousses [4] flétries [5], j'entrais en pleine possession des sympathies de ma nature. Rencontrais-je quelque laboureur au bout d'un guéret [6] ? je m'arrêtais pour regarder cet homme germé à l'ombre des épis parmi lesquels il devait être moissonné, et qui retournant la terre de sa tombe avec le soc [7] de la charrue, mêlait ses sueurs brûlantes aux pluies glacées de l'automne : le sillon qu'il creusait était le monument destiné à lui survivre.

CHATEAUBRIAND, *Mémoires d'outre-tombe*

1. **frimas** (m., surtout au pl.) : brouillard épais qui se transforme en glace en tombant.

2. **ramier** (m.) : gros pigeon sauvage.

3. **lai** (m.) : poème narratif ou lyrique, au Moyen-Âge.

4. **mousse** (f.): plante des lieux humides formant des touffes ou un tapis sur la terre et les pierres.

5. **flétri** : qui a perdu sa fraîcheur.

6. **guéret** (m.) : terre labourée et non ensemencée.

7. **soc** (m.): lame de la charrue qui tranche horizontalement la terre.

Lisez le texte et soulignez les figures de style que vous pouvez repérer.

Dites ensuite, pour chacune de ces expressions, de quelle figure il s'agit : « ces feuilles qui tombent comme nos ans » ; « les complaintes et les lais du vent » ; « cet homme germé » ; « mêlait ses sueurs brûlantes aux pluies glacées ».

Texte 2

Il arrive que les décors s'écroulent. Lever, tramway, quatre heures de bureau ou d'usine, repas, tramway, quatre heures de travail, repas, sommeil et lundi mardi mercredi jeudi vendredi et samedi sur le même rythme, cette route se suit aisément la plupart du temps. Un jour seulement, le « pourquoi » s'élève et tout commence dans cette lassitude teintée d'étonnement.

CAMUS, *Le Mythe de Sisyphe*

1. Quelles sont les figures de style employées par Camus ?

2. De quelle façon la figure qui occupe le plus de place fait en sorte que la forme du texte mime son contenu ?

3. À quelle figure correspondent les expressions : « le pourquoi s'élève » ; « cette lassitude teintée d'étonnement » ?

Texte 3

La lune s'était levée. Un ciel laiteux [1] projetait partout des ombres pâles. Derrière eux s'étageait la ville et il en venait un souffle chaud et malade qui les poussait vers la mer. Ils montrèrent leurs papiers à un garde qui les examina assez longuement. Ils passèrent et à travers les terre-pleins couverts de tonneaux, parmi les senteurs de vin et de poisson, ils prirent la direction de la jetée [2]. Peu avant d'y arriver, l'odeur de l'iode et des algues leur annonça la mer. Puis ils l'entendirent.

Elle sifflait doucement au pied des grands blocs de la jetée et, comme ils les gravissaient, elle leur apparut, épaisse comme des velours, souple et lisse comme une bête. Ils s'installèrent sur les rochers tournés vers le large. Les eaux se gonflaient et redescendaient lentement. Cette respiration calme de la mer faisait naître et disparaître des reflets huileux à la surface des eaux. Devant eux, la nuit était sans limites. Rieux, qui sentait sous ses doigts le visage grêlé des rochers, était plein d'un étrange bonheur.

CAMUS, *La Peste*

1. **laiteux** : qui a la couleur blanchâtre du lait.

2. **jetée** (f.) : digue.

1. Soulignez dans le texte toutes les figures de style que vous pouvez repérer.

2. Dites ensuite à quelles figures correspondent les expressions suivantes : « un ciel laiteux » ; « un souffle chaud et malade » ; « épaisse comme du velours » ; « cette respiration calme de la mer » ; « le visage grêlé des rochers ».

3. Cherchez ensuite les sonorités du texte en soulignant chaque son d'une façon différente.

4. Distinguez les assonances des allitérations.

5. Quels sont les sons qui se répètent le plus souvent ?

6. Cherchez toutes les assonances en EU et les allitérations en R qui peuvent être associées au nom du personnage principal, Rieux.

7. Quels sont les sons qui reviennent dans les mots utilisés pour décrire la mer ? Que suggèrent-ils ?

Texte 4

Laisse-moi respirer longtemps, longtemps, l'odeur de tes cheveux, y plonger tout mon visage, comme un homme altéré dans l'eau d'une source, et les agiter avec ma main comme un mouchoir odorant, pour secouer des souvenirs dans l'air.

Si tu pouvais savoir tout ce que je vois ! tout ce que je sens ! tout ce que j'entends dans tes cheveux ! Mon âme voyage sur le parfum comme l'âme des autres hommes sur la musique.

Tes cheveux contiennent tout un rêve, plein de voilures [1] et de mâtures [2] ; ils contiennent de grandes mers dont les moussons [3] me portent vers de charmants climats, où l'espace est plus bleu et plus profond, où l'atmosphère est parfumée par les fruits, par les feuilles et par la peau humaine.

Dans l'océan de ta chevelure, j'entrevois un port fourmillant de chants mélancoliques, d'hommes vigoureux de toutes nations et de navires de toutes

1. **voilure** (f.) : ensemble des voiles d'un navire.

2. **mâture** (f.) : ensemble des pièces de bois ou de métal destinées à porter les voiles d'un navire.

3. **mousson** (f.): vent tropical.

formes découpant leurs architectures fines et compliquées sur un ciel immense où se prélasse [4] l'éternelle chaleur.

Dans les caresses de ta chevelure, je retrouve les langueurs des longues heures passées sur un divan, dans la chambre d'un beau navire, bercées par le roulis [5] imperceptible du port, entre les pots de fleurs et les gargoulettes [6] rafraîchissantes.

Dans l'ardent foyer de ta chevelure, je respire l'odeur du tabac mêlé à l'opium et au sucre ; dans la nuit de ta chevelure, je vois resplendir l'infini de l'azur tropical ; sur les rivages duvetés de ta chevelure je m'enivre des odeurs combinées du goudron [7], du musc et de l'huile de coco.

Laisse-moi mordre longtemps tes tresses lourdes et noires. Quand je mordille tes cheveux élastiques et rebelles, il me semble que je mange des souvenirs.

4. **se prélasser** : se détendre.

5. **roulis** (m.) : mouvement alternatif transversal d'un navire.

6. **gargoulette** (f.) : vase dans lequel les liquides se rafraîchissent par évaporation.

7. **goudron** (m.) : asphalte.

BAUDELAIRE, *Petits poèmes en prose, XVII*

Lisez le texte et soulignez les figures de style que vous pouvez repérer.

1. Dites pour chacune des expressions suivantes, de quelle figure il s'agit :
- comme un homme altéré ;
- secouer des souvenirs ;
- tout ce que je vois ! tout ce que je sens ! tout ce que j'entends dans tes cheveux ! ;
- Dans l'océan de ta chevelure ;
- Dans les caresses de ta chevelure ;
- Dans l'ardent foyer de ta chevelure ;
- bercées par le roulis imperceptible du port ;
- les rivages duvetés ;
- je mange des souvenirs.

2. Est-ce que Baudelaire recourt aussi à l'anaphore ? De quelle façon ?
Avez-vous remarqué la présence de sonorités particulières ? Lesquelles ?

La maîtresse de Baudelaire par Édouard Manet.

5. Les registres de langue

Le français parlé se distingue souvent du français écrit, mais le français écrit aussi présente parfois des différences remarquables.

Le même message peut donc être formulé de plusieurs façons, selon le contexte et la situation de communication. Le type de langage dépend en effet du registre que l'auteur du message a choisi d'employer.

On peut définir le registre de langue comme un ensemble de caractères particuliers appartenant à une situation de communication bien déterminée qui dépend du milieu, de la culture, de l'âge, du contexte où cette communication a lieu.

Il existe plusieurs types de registres, et un texte peut même présenter un mélange de registres. Toutefois, on distingue trois types de registres principaux : registre courant, registre soutenu et registre familier.

Le registre courant

Le registre courant est simple et structuré de façon à pouvoir être compris de tout le monde. L'expression est claire et correcte, le vocabulaire est usuel et ne présente pas de grosses difficultés. L'auteur cherche tout simplement à transmettre une information.

Grammaire et lexique

Les termes appartiennent au français courant, il n'y a pas de mots familiers ni de termes techniques ou scientifiques trop compliqués. Afin que le message soit compris de tout le monde, les phrases sont construites de façon claire et la ponctuation est régulière. Ce type de registre est présent dans un grand nombre de situations de communication écrite : articles de journaux, romans, pièces de théâtre...

Dans la langue parlée, c'est le registre que l'on utilise justement le plus couramment : à la télévision, à la radio, avec des personnes que l'on ne connaît pas assez pour avoir recours à un registre familier.

Le registre familier

Ce registre est typique de la langue parlée, des conversations de la vie quotidienne en famille, entre amis ou entre des personnes appartenant au même milieu. Dans ce dernier cas on parle aussi de français argotique.

Dans la langue écrite, on utilise le registre familier quand l'auteur veut représenter une situation de façon réaliste (par exemple faire parler un personnage qui s'adresse à des parents, à des amis...).

Grammaire et lexique

Le vocabulaire appartient à la langue parlée, les termes sont répétitifs et souvent abrégés. Les phrases sont incomplètes, il y a souvent des interruptions et des répétitions car la langue écrite essaie de reproduire la langue parlée. Les temps utilisés appartiennent surtout à l'indicatif, en particulier le présent, le futur et le passé composé. Dans la langue écrite, le registre familier veut reproduire fidèlement des situations de communication ou bien frapper l'attention des lecteurs appartenant à une certaine catégorie de personnes comme par exemple les jeunes. On trouve également des expressions en français familier dans des articles de satire politique, dans des sketches humoristiques...

C'est le registre de la langue écrite et cultivée, qui recherche souvent la beauté du style et traduit des pensées complexes et profondes.

Grammaire et lexique

Ce registre utilise un vocabulaire riche, soigné, précis et recherché. Les phrases sont construites de façon correcte et extrêmement complexe, avec beaucoup de subordonnées. Tous les temps verbaux sont utilisés, y compris les temps composés et le subjonctif imparfait, qui a presque disparu dans le français courant et familier.

ACTIVITÉS

Texte 1

Nous avions déjà visité Milan et Gênes. Nous étions à Pise depuis deux jours lorsque je décidai de partir pour Florence. Jacqueline était d'accord. Elle était d'ailleurs toujours d'accord.

C'était la deuxième année de la paix. Il n'y avait pas de place dans les trains. À toutes les heures, sur tous les trajets, les trains étaient pleins. Voyager était devenu un sport comme un autre et nous le pratiquions de mieux en mieux. Mais cette fois, à Pise, lorsque nous arrivâmes à la gare, les guichets étaient fermés, on ne délivrait même plus les billets pour aucun des trains en partance. Nous pensâmes aux cars. Mais pour les cars non plus on ne délivrait plus de billets. Malgré ces empêchements je me jurai de gagner Florence dans la journée.

DURAS, *Le marin de Gibraltar*

1. Quelles sont les données spatio-temporelles utilisées par le narrateur pour mieux faire comprendre la situation ?

2. Quelles caractéristiques du registre courant retrouvez-vous dans ce texte ?

Florence en 1834, par Camille Corot.

Texte 2

DOUKIPUDONKTAN, se demanda Gabriel excédé. Pas possible, ils se nettoient jamais. Dans le journal, on dit qu'il y a pas onze pour cent des appartements à Paris qui ont des salles de bain, ça m'étonne pas, mais on peut se laver sans. Tous ceux-là qui m'entourent, ils doivent pas faire de grands efforts. D'un autre côté, c'est tout de même pas un choix parmi les plus crasseux de Paris. Y a pas de raison. C'est le hasard qui les a réunis. On peut pas supposer que les gens qu'attendent à la gare d'Austerlitz sentent plus mauvais que ceux qu'attendent à la gare de Lyon. Non vraiment, y a pas de raison. Tout de même quelle odeur.

Gabriel extirpa de sa manche une pochette de soie couleur mauve et s'en tamponna le tarin.

QUENEAU, *Zazie dans le métro*

1. Quelles caractéristiques du registre parlé retrouvez-vous dans ce texte ? Comment est organisée la syntaxe ?

2. Que signifie le premier mot du texte et de quelle façon a-t-il été construit ?

3. Sait-on où le narrateur se trouve ? Peut-on l'imaginer ?

4. Pourquoi ?

5. Trouvez dans le texte les mots du registre familier correspondant à :
   – nez ;
   – importuné à l'excès ;
   – sale ;
   – il n'y a pas.

Affiche pour le film de Louis Malle, 1960.

48

De fait, l'amour de Swann en était arrivé à ce degré où le médecin et, dans certaines affections, le chirurgien le plus audacieux, se demandent si priver un malade de son vice ou lui ôter son mal, est encore raisonnable ou même possible.

Certes l'étendue de cet amour, Swann n'en avait pas une conscience directe. Quand il cherchait à le mesurer, il lui arrivait parfois qu'il semblât diminué, presque réduit à rien ; par exemple, le peut de goût, presque le degoût que lui avaient inspiré, avant qu'il aimât Odette, ses traits expressifs, son teint sans fraîcheur, lui revenait à certains jours. « Vraiment il y a progrès sensible, se disait-il le lendemain ; à voir exactement les choses, je n'avais presque aucun plaisir hier à être dans son lit : c'est curieux, je la trouvais même laide. » Et certes, il était sincère, mais son amour s'étendait bien au-delà des régions du désir physique. La personne même d'Odette n'y tenait plus une grande place. Quand du regard il rencontrait sur sa table la photographie d'Odette, ou quand elle venait le voir, il avait peine à identifier la figure de chair ou de bristol avec le trouble douloureux et constant qui habitait en lui. [...] Et cette maladie qu'était l'amour de Swann avait tellement multiplié, il était si étroitement mêlé à toutes les habitudes de Swann, à tous ses actes, à sa pensée, à sa santé, à son sommeil, à sa vie, même à ce qu'il désirait pour après sa mort, il faisait tellement plus qu'un avec lui, qu'on n'aurait pas pu l'arracher de lui sans le détruire lui-même à peu près tout entier : comme on dit en chirurgie, son amour n'était plus opérable.

PROUST, À *la Recherche du Temps perdu*

1. Que remarquez-vous à propos de la longueur des phrases qui composent cet extrait ?

2. Retrouvez dans le texte :
   – les propositions principales ;
   – le propositions subordonnées (temporelles, relatives…).

Séphorah, épouse de Moïse, dont les traits rappelaient à Swann, Odette.
(Fresque de Botticelli.)

6. Le ton d'un texte

Le ton d'un texte est représenté par un ensemble de caractéristiques qui créent chez le lecteur une réaction particulière : le rire, la tristesse, la révolte, une émotion...
Il existe différents types de tons.

Le ton comique

Il caractérise les textes qui provoquent l'amusement du lecteur. Les procédés pour donner un ton comique à un texte sont nombreux, voici les plus importants :

– *L'humour*, qui souligne avec esprit les aspects drôles et comiques de la réalité. On parle d'humour noir si l'on met en évidence des détails à la fois bizarres et macabres ou cruels.

– *L'ironie*, qui est un procédé par lequel on dit le contraire de ce qu'on veut faire entendre. Pour cela on utilise souvent des antiphrases, c'est-à-dire des figures de style dans lesquelles on emploie un mot dans un sens contraire à sa véritable signification.

– *La satire*, qui est la critique railleuse de quelqu'un ou de quelque chose pour mettre en relief l'aspect ridicule des actions d'un personnage ou d'une certaine situation.

– *La parodie*. C'est l'imitation burlesque d'une œuvre littéraire célèbre. De manière plus générale, elle peut représenter l'imitation de quelqu'un, de ses discours...

– *L'absurde* tire son effet comique de l'association de propos qui n'ont aucun lien logique et qui sont contraires au sens commun. Il y a parfois un fort contraste entre la forme, en apparence sérieuse, et le contenu, qui n'a pas de sens ou qui a un sens ne correspondant pas à la logique commune.

Grammaire et lexique
Les différents procédés comiques s'appuient, selon les cas, sur des jeux de mots, des calembours, des mots inventés ou modifiés, des exagérations, des comparaisons amusantes, des mots à double sens...

Le ton tragique

Le ton tragique est celui qui exprime un sentiment de pessimisme extrême et de désespoir. L'auteur communique au lecteur sa conviction qu'il n'y a plus de solution possible.

Grammaire et lexique
Les réseaux lexicaux concernent surtout la mort, le destin, la passion, la souffrance et l'héroïsme.

Le ton pathétique

En choisissant de donner ce type de ton, l'auteur veut susciter chez le lecteur des sentiments de pitié et d'attendrissement.
Quelquefois le texte parvient même à émouvoir le lecteur jusqu'aux larmes.

Grammaire et lexique
Les textes ayant un ton pathétique sont caractérisés par des mots exprimant la douleur, le désespoir ; il peut y avoir aussi de nombreuses lamentations ainsi que des exclamations.

Le ton lyrique est celui à travers lequel l'auteur fait partager au lecteur son état d'âme en laissant libre cours à l'expression de ses sentiments personnels et de ses émotions les plus intimes. Le lecteur partage ces sentiments car ceux-ci sont à la fois personnels et communs à tous les hommes. Le genre lyrique, expression des sentiments individuels, s'oppose au genre épique, centré sur les sentiments et les gestes héroïques.

Le ton lyrique

Grammaire et lexique

Le ton lyrique est présent surtout en poésie et se caractérise par l'emploi de la première personne (je/nous/on) et de la deuxième personne (tu/vous). Le lexique concerne surtout les sentiments (regret, nostalgie, amour, passion, jalousie, joie, angoisse, tristesse, désespoir, solitude...) et la construction des phrases comprend de nombreux points d'exclamation ou d'interrogation.

Le ton épique souligne les dimensions héroïques et exceptionnelles d'un événement ou d'un ou plusieurs personnages en attribuant à l'événement ou au(x) personnage(s) des dimensions extraordinaires et symboliques. Il s'oppose au ton lyrique parce qu'il ne contient pas de références aux sentiments intimes.

Le ton épique

Grammaire et lexique

Le ton épique se caractérise par le recours à un grand nombre de superlatifs et de métaphores. Les termes collectifs sont également présents ainsi que des exemples de personnification de la nature. Quelquefois il y a aussi l'intervention du merveilleux.

Gérard Philippe est Rodigue dans la tragédie
Le Cid *de Pierre Corneille,*
au Théâtre National Populaire, 1951.

Texte 1

La mort de Phèdre

PHÈDRE
J'ai voulu, devant vous, exposant mes remords,
Par un chemin plus lent descendre chez les morts.
J'ai pris, j'ai fait couler dans mes brûlantes veines
Un poison que Médée apporta dans Athènes.
Déjà jusqu'à mon cœur le venin parvenu
Dans ce cœur expirant jette un froid inconnu ;
Déjà je ne vois plus qu'à travers un nuage
Et le ciel et l'époux que ma présence outrage ;
Et la mort, à mes yeux dérobant la clarté,
Rend au jour qu'ils souillaient toute sa pureté.

RACINE, *Phèdre*

1. Quelle est la cause de la mort de Phèdre ?

2. Quels sont les passages qui vous le font comprendre ?

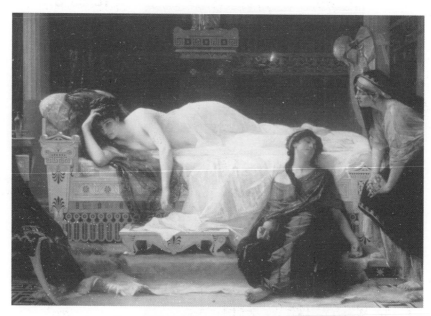

La mort de Phèdre, *par Alexandre Cabanel.*

Ma femme

Ma femme est d'une timidité !... Moi aussi... je suis timide !...

Quand on s'est connus, ma femme et moi...on était tellement timides tous les deux... qu'on n'osait pas se regarder !

Maintenant, on ne peut plus se voir !

– ...Remarquez... je ne devrais pas dire du mal de ma femme... parce que... au fond, on s'aime beaucoup !

J'ai toujours peur qu'elle manque de quelque chose. Quelquefois, je lui dis :

– Tu n'as besoin de rien ?

Elle me dit :

– Non ! Non !

Je lui dis :

– Tu n'as pas besoin d'argent ?

Elle me dit :

– Non ! Non, j'en ai !

Eh bien, je lui dis, alors : Passe-m'en un peu... parce que, moi, je n'en ai plus !

DEVOS, *Sens dessus dessous*

Soulignez les passages qui sont, à votre avis, les plus amusants et motivez votre choix.

La mort et l'enterrement de Manon

Je demeurai plus de vingt-quatre heures, la bouche attachée sur le visage et sur les mains de ma chère Manon. Mon dessein était de mourir ; mais je fis réflexion, au commencement du second jour, que son corps serait exposé, après mon trépas, à devenir la pâture des bêtes sauvages. Je formai la résolution de l'enterrer et d'attendre la mort sur sa fosse. J'étais déjà si proche de ma fin, par l'affaiblissement que le jeûne[1] et la douleur m'avaient causé, que j'eus besoin de quantité d'efforts pour me tenir debout. Je fus obligé de recourir aux liqueurs que j'avais apportées. Elles me rendirent autant de force qu'il en fallait pour le triste office que j'allais exécuter.

1. **jeûne** (m.) : privation de nourriture.

PRÉVOST, *Manon Lescaut*

1. À votre avis, est-ce à Manon ou à son amant que va surtout la pitié du lecteur ? Justifiez votre réponse.

Texte 4

La mort de Virginie

Cependant on avait mis Paul, qui commençait à reprendre ses sens, dans une maison voisine, jusqu'à ce qu'il fût en état d'être transporté à son habitation. Pour moi, je m'en revins avec Domingue, afin de préparer la mère de Virginie et son amie à ce désastreux événement. Quand nous fûmes à l'entrée du vallon de la rivière des Lataniers, des Noirs nous dirent que la mer jetait beaucoup de débris[1] du vaisseau dans la baie vis-à-vis. Nous y descendîmes ; et un des premiers objets que j'aperçus sur le rivage fut le corps de Virginie. Elle était à moitié couverte de sable, dans l'attitude où nous l'avions vue périr. Ses traits n'étaient point sensiblement altérés. Ses yeux étaient fermés ; mais la sérénité était encore sur son front : seulement les pâles violettes de la mort se confondaient sur ses joues avec les roses de la pudeur. Une de ses mains était sur ses habits, et l'autre, qu'elle appuyait sur son cœur, était fortement fermée et roidie. J'en dégageai avec peine une petite boîte : mais quelle fut ma surprise lorsque je vis que c'était le portrait de Paul, qu'elle lui avait promis de ne jamais abandonner tant qu'elle vivrait !

1. **débris** (m., surtout au pl.) : fragment d'un objet brisé.

BERNARDIN DE SAINT-PIERRE, *Paul et Virginie*

1. Est-ce que le narrateur est émotivement concerné par les événements ?

2. Quelle est sa réaction quand il retrouve la petite boîte avec le portrait de Paul ? Quelle est la réaction du lecteur ?

3. Expliquez pourquoi la dernière phrase est très importante pour comprendre le ton de ce texte.

La mort de Virginie, *par J. Bertrand.*

Les types de texte

1. Le texte narratif

La fonction d'un texte narratif est celle de raconter un ou plusieurs événements. Qu'il s'agisse d'un récit réel ou imaginaire, ce genre de texte informe le lecteur sur une série d'événements qui se sont produits dans le temps. Un texte narratif peut avoir aussi une fonction *documentaire* (fait divers, événement historique), *symbolique* (fable, conte ayant pour but la démonstration d'une règle de morale) ou *argumentative* (si le récit aide à soutenir une thèse).

Le texte narratif s'organise autour de l'écoulement du temps, mais la succession temporelle n'est pas toujours régulière. En effet, celle-ci peut :

L'organisation

- suivre l'*ordre chronologique* des événements, c'est-à-dire les présenter dans l'ordre selon lequel ils se sont produits ;
- présenter des *anticipations* en annonçant des événements qui se produiront plus tard dans l'histoire (romans, biographies) ou bien anticiper le résultat d'un événement avant de raconter les faits (presse, fait divers).
- être construite avec des *retours en arrière*, par lesquels on évoque des événements qui ont précédé les faits racontés, ou des *ellipses*, c'est-à-dire des sauts dans le temps qui font passer sous silence des événements sans importance.

Le texte narratif s'organise en outre autour du sujet de l'action. Le rythme de la narration est variable, selon l'importance que l'auteur donne aux événements racontés : il y a donc des événements qui sont racontés en quelques lignes et d'autres auxquels l'auteur consacre plusieurs pages.

Le texte narratif étant organisé autour de l'écoulement du temps, il présente généralement beaucoup de mots et d'expressions concernant le temps. Le choix de ces expressions dépend du point de vue du narrateur : selon que le narrateur situe les événements par rapport au temps du récit ou du moment où il se trouve lui-même, certaines expressions de temps peuvent varier.

Les caractéristiques lexicales

- Pour souligner les différents moments du récit : *ensuite / par la suite / après / quand / lorsque / à ce moment-là / pendant que / dès que / alors / en même temps / au moment où...*
- Pour souligner les retours en arrière : *il y a / autrefois / hier / la veille / la semaine dernière / la semaine précédente.*
- Pour souligner les ellipses : *le lendemain / une semaine plus tard / quelques années plus tard.*

Dans le texte narratif on trouve une succession de phrases parfois courtes avec beaucoup de verbes. Les temps utilisés sont surtout le passé simple, le passé composé (si la langue utilisée appartient au registre courant) ou le présent de narration. Ces temps indiquent des actions ponctuelles, contrairement à l'imparfait de l'indicatif qui caractérise les descriptions en soulignant la durée ou la répétition. Il est important de remarquer les changements de temps à l'intérieur d'un texte pour distinguer les passages narratifs des passages descriptifs, informatifs, argumentatifs....

Voici une liste de quelques verbes d'action que l'on peut trouver dans un récit :

– Pour indiquer le mouvement : *arriver / entrer / pénétrer / descendre / monter / courir / sauter / marcher / avancer / traverser...*

– Pour indiquer l'action : *entreprendre / réaliser / finir / commencer / effectuer / pratiquer / agir / exécuter / accomplir / faire...*

ACTIVITÉS

Texte 1

Une découverte inquiétante

Le matin du 16 avril, le docteur Bernard Rieux sortit de son cabinet et buta[1] sur un rat mort, au milieu du palier. Sur le moment, il écarta la bête sans y prendre garde et descendit l'escalier. Mais, arrivé sur la rue, la pensée lui vint que ce rat n'était pas à sa place et il retourna sur ses pas pour avertir le concierge. Devant la réaction du vieux M. Michel, il sentit mieux ce que sa découverte avait d'insolite. La présence de ce rat mort lui avait seulement paru bizarre tandis que, pour le concierge, elle constituait un scandale. La position de ce dernier était d'ailleurs catégorique. Il n'y avait pas de rats dans la maison. Le docteur eut beau l'assurer qu'il y en avait un sur le palier du premier étage, et probablement mort, la conviction de M. Michel restait entière. Il n'y avait pas de rats dans la maison, il fallait donc qu'on eût apporté celui-ci du dehors. Bref, il s'agissait d'une farce.

Le soir même, Bernard Rieux, debout dans le couloir de l'immeuble, cherchait ses clefs avant de monter chez lui, lorsqu'il vit surgir, du fond obscur du corridor, un gros rat à la démarche incertaine et au pelage mouillé. La bête s'arrêta, sembla chercher un équilibre, prit sa course vers le docteur, s'arrêta encore, tourna sur elle-même avec un petit cri et tomba...

1. **buter** : heurter quelque chose.

CAMUS, *La Peste*

1. Est-ce que la narration suit l'ordre chronologique des événements ?

2. Y a-t-il des sauts dans le temps qui font passer sous silence des événements sans importance ?

3. Quel est le sujet de l'action ?

C'est cette année-là que revint au village la vieille Delphine, la tante d'Ange, le fontainier. Elle avait épousé jadis le fils de Médéric, le douanier de Marseille qui avait mis pas mal de sous de côté, et qui avait pleinement réalisé son idéal, puisqu'il avait fini par toucher une retraite. Ils avaient vécu très heureux jusqu'à un âge avancé, mais par malheur, la pauvre Delphine avait peu à peu perdu la vue, et son mari, dont la tendresse l'avait aidée à supporter son infirmité, était mort le jour même de leurs noces d'or... Elle était donc venue, avec son petit magot[1], et la moitié de la retraite, se réfugier chez son neveu, qui en fut triplement content.

Delphine était très grande, très large, et très maigre. Pamphile disait qu'elle aurait pu faire un magnifique « épouvantail de figuière » ; d'ailleurs, les enfants en avaient peur, car sur son visage, aussi grand que celui d'un homme, les rides s'étaient figées une fois pour toutes, à la mort de son mari, en un masque dur et blanc comme du marbre.

Tous les après-midi la belle Clairette, sa nièce, conduisait la vieille aveugle sur l'esplanade, et l'installait au soleil sur un banc. Elle portait toujours, sur ses cheveux blancs, une mantille de dentelle noire, serrée sous son menton par une agrafe[2] qui était peut-être en or, et sur ses épaules, un mantelet de velours noir un peu râpé. Les deux mains appuyées sur le pommeau de sa canne, elle rêvait en silence, et elle écoutait les bruits du village, qui n'avaient pas changé depuis son enfance... Presque tous les passants lui faisaient un brin de causette[3], et souvent le Papet, qui l'avait connue autrefois, venait s'asseoir près d'elle : ils parlaient du temps jadis, quand les poulets de grain se vendaient douze sous la paire, quand les saisons étaient en ordre, et qu'ils avaient des cheveux noirs...

PAGNOL, *Manon des sources*

1. **magot** (m.) : somme d'argent amassée et mise en réserve.

2. **agrafe** (f.) : petit crochet qu'on passe dans un anneau pour fermer un vêtement.

3. **brin de causette** : conversation.

1. Soulignez dans le texte toutes les expressions de temps utilisées par l'auteur.

2. Distinguez les faits qui se réfèrent au moment actuel de la narration de ceux qui se sont déroulés dans le passé : que savez-vous de la vie que Delphine mène maintenant ?

3. Que savez-vous de son passé ?

4. Quels sont les différents temps employés dans ce passage ?

5. Pourquoi l'auteur a-t-il eu recours à des temps différents ?

Jacqueline Pagnol est Manon dans le film
Manon des sources *réalisé par Marcel Pagnol en 1952.*

2. Le texte descriptif

La fonction d'un texte descriptif est celle de représenter ce que le lecteur ne voit pas. Qu'il s'agisse d'un lieu, d'une personne, d'un objet ou d'un animal, ce genre de texte vise à produire dans l'esprit du lecteur une image à travers un ensemble de procédés d'écriture.

L'organisation

La description s'organise autour d'un thème principal, avec des repères spatiaux et temporels, dans la plupart des cas, ainsi que des mots (verbes, adjectifs,...) appartenant souvent au même champ lexical.

Les types de description

La description peut être :
- *documentaire*, quand on veut donner une description réaliste et détaillée (par exemple dans une encyclopédie, un guide...) ;
- *inventaire*, quand l'auteur veut donner une description aussi précise que possible, même s'il s'agit d'un thème fictif ;
- *subjective*, quand la description a une valeur émotive ou sentimentale et l'écrivain se limite à souligner certains détails de la réalité qu'il veut faire connaître au lecteur.

Les caractéristiques lexicales

Le vocabulaire appartient au même réseau lexical et il peut y avoir des mots techniques concernant le thème décrit.

La description est généralement introduite par un verbe de perception signalant le sens sollicité : odorat, vue, toucher, ouïe, goût.

Dans une description, les procédés de style les plus fréquents sont : *la comparaison, la métaphore* et *l'énumération*.

Les caractéristiques grammaticales

Le texte peut présenter de nombreux repères spatiaux sous la forme d'adverbes et de prépositions de lieu :

entre   dans   sur   sous   derrière   devant   au milieu au centre   contre   en bas   en haut   à droite   à gauche   à côté de au dessus / au dessous   le long de   autour de   près de   au fond de loin de   au loin   tout près   à proximité   au-delà

Il peut y avoir de nombreux adjectifs, décrivant
- les dimensions d'un objet/lieu :

petit   grand   large   étroit   spacieux   ample   minuscule immense   grandiose   profond   haut   bas   long   court   ample...

– l'aspect physique ou le caractère d'une personne :

Yeux : grands marron bleus noirs perçants vifs tristes en amande... **Cheveux** : roux blonds marron noirs raides frisés bouclés soyeux crépus... **Nez** : pointu aquilin droit grec retroussé... **Bouche** : sensuelle grande petite... **Corps** : fort mince élancé gros grand... **Caractère** : timide agressif doux tenace réservé orgueilleux aimable paresseux sociable ambitieux solitaire faible...

Le temps de la description est généralement l'imparfait de l'indicatif, mais on peut trouver aussi le présent indicatif pour souligner une description générale intemporelle.

ACTIVITÉS

Texte 1

Portrait d'un personnage : Vautrin

Il était un de ces gens dont le peuple dit : Voilà un fameux gaillard ! Il avait les épaules larges, le buste bien développé, les muscles apparents, des mains épaisses, carrées et fortement marquées aux phalanges par des bouquets de poils touffus et d'un roux ardent. Sa figure, rayée par des rides prématurées, offrait des signes de dureté que démentaient ses manières souples et liantes. Sa voix de basse-taille, en harmonie avec sa grosse gaieté, ne déplaisait point. Il était obligeant et rieur.

BALZAC, *Le Père Goriot*

1. Quelle est l'impression suggérée par l'aspect de Vautrin ?

2. Est-ce qu'elle correspond au caractère du personnage ?

Texte 2

Description d'un animal : le chat

Ils sont cinq autour d'elle, tous les cinq issus de la même souche [1] et rayés à l'image de leur ancêtre, le chat sauvage. L'un porte ses rayures noires sur un fond rosé comme le plumage de la tourterelle, l'autre n'est, des oreilles à la queue, que zébrures [2] pain brûlé sur champ marron très clair, comme une fleur de giroflée [3]. Un troisième paraît jaune, à côté du quatrième, tout ceintures de velours noir, colliers, bracelets, sur un dessous gris argent d'une grande élégance. Mais le cinquième, énorme, resplendit dans sa fourrure fauve à mille bandes. Il a les yeux vert de menthe, et la large joue velue qu'on voit au tigre.

Elle, mon Dieu, c'est la Noire. Une Noire pareille à cent autres Noires, mince, bien vernissée, la mouche blanche au poitrail et la prunelle [4] en or pur.

COLETTE, *La maison de Claudine*

1. **souche** (f.) : origine.
2. **zébrure** (f.) : rayon sur le pelage d'un animal.
3. **giroflée** (f.) : plante décorative à fleurs jaunes ou rousses.
4. **prunelle** (f.) : pupille de l'œil.

1. Combien de chats sont décrits dans cet extrait ?

2. Quel est l'aspect de chacun d'eux ?

3. Faites une liste des verbes, des substantifs et des adjectifs se référant à chaque animal et dites comment l'auteur souligne l'élégance de la « fourrure » des chats.

La maison de Colette à Saint-Sauveur-en-Puisaye, par L.-A. Moreau.

Gervaise haussait le menton, examinait la façade. .... la rue, la maison avait cinq étages, alignant chacun à la file quinze fenêtres, dont les persiennes noires, aux lames cassées, donnaient un air de ruine à cet immense pan de muraille. ...., quatre boutiques occupaient le rez-de-chaussée : à droite de la porte, une vaste salle de gargote[1] graisseuse ; ...., un charbonnier, un mercier et une marchande de parapluies. La maison paraissait d'autant plus colossale qu'elle s'élevait .... deux petites constructions basses, chétives[2], collées .... elle ; et, carrée, pareille à un bloc de mortier[3] gâché[4] grossièrement, se pourrissant et s'émiettant sous la pluie, elle profilait sur le ciel clair, ... des toits voisins, son énorme cube brut, ses flancs non crépis, couleur de boue, d'une nudité interminable de murs de prison, où des rangées de pierres d'attente[5] semblaient des mâchoires caduques, bâillant .... le vide. Mais Gervaise regardait surtout la porte, une immense porte ronde, s'élevant .... deuxième étage creusant un porche profond, ... duquel on voyait le coup de jour blafard[6] d'une grande cour. .... ce porche, pavé comme la rue, un ruisseau coulait roulant une eau rose très tendre.

ZOLA, *L'Assommoir*

1. **gargote** (f.) : restaurant à bon marché.

2. **chétives** : ici, légères, sans valeur.

3. **mortier** (m.) : mélange qui recouvre les pierres.

4. **gâché** : délayé.

5. **pierres d'attente** : pierres posées dans un mur en prévision d'une expansion future.

6. **blafard** : d'un teint pâle et sans éclat.

1. Complétez ce texte en cherchant dans la liste ci-dessous les repères spatiaux qui manquent :

> entre   en bas   à gauche   contre   dans   au-dessus des
> au milieu de   à l'autre bout   jusqu'au   sur

2. Quel est l'aspect de la maison ? Repérez les adjectifs qui le caractérisent.

3. À quoi font penser ses murs ?

4. Qu'est-ce qui est comparé à des mâchoires caduques ?

La boutique de Gervaise.
Dessin de Leloir, édition de 1808.

Texte 4

Victorine Taillefer

Quoique mademoiselle Victorine Taillefer eut blancheur maladive semblable à celle des jeunes filles attaquées de chlorose [1], et qu'elle se rattachât à la souffrance générale qui faisait le fond de ce tableau par une tristesse habituelle, par une contenance gênée, par un air pauvre et grêle, néanmoins son visage n'était pas vieux, ses mouvements et sa voix étaient agiles. Ce jeune malheur ressemblait à un arbuste aux feuilles jaunies, fraîchement planté dans un terrain contraire. Sa physionomie roussâtre, ses cheveux d'un blond fauve, sa taille trop mince, exprimaient cette grâce que les poètes modernes trouvaient aux statuettes de Moyen-Âge. Ses yeux gris mélangés de noir exprimaient une douceur, une résignation chrétiennes. Ses vêtements simples, peu coûteux, trahissaient des formes jeunes.

1. **chlorose** (f.) : forme d'anémie par manque de fer.

BALZAC, *Le Père Goriot*

1. Lisez le texte et remplissez la grille ci-dessous :

Aspect physique	Traits de caractère

2. À quoi Victorine ressemble-t-elle ? Pourquoi ?

3. Parmi les solutions données, trouvez le synonyme des expressions suivantes :

Quoique : ☐ malgré ☐ afin que ☐ bien que
Néanmoins : ☐ cependant ☐ pendant ☐ mais
Fraîchement : ☐ depuis peu ☐ rapidement ☐ inutilement

Une figure féminine balzacienne, dessin de Tony Johannot, 1841.

3. Le texte explicatif

Le texte explicatif a pour but soit d'apporter des informations au lecteur soit de modifier ou d'élargir ses connaissances.

Ce type de texte peut se trouver à l'intérieur d'un texte d'autre genre ou bien constituer un message indépendant. On trouve des textes explicatifs dans les encyclopédies, dans les ouvrages scientifiques, dans les modes d'emploi, dans la presse (météo) ainsi que dans plusieurs types de documents (horaires, lettres). En outre, il peut y avoir des passages de type explicatif à l'intérieur d'un récit, quand l'auteur désire informer le lecteur sur certains détails nécessaires pour comprendre des aspects de l'histoire racontée.

Ce type de texte peut avoir une simple fonction informative – et transmettre un bref message – ou bien avoir une fonction didactique et transmettre au lecteur des informations plus détaillées à propos d'un certain sujet.

Le texte explicatif s'organise autour d'un thème dont l'auteur développe des aspects qui peuvent intéresser le lecteur. Souvent le texte peut concerner aussi des sous-thèmes liés au thème principal par des rapports de cause-effet. | **L'organisation**

Le texte explicatif est caractérisé par un vocabulaire spécialisé, propre au domaine dont on parle. Pour faciliter la compréhension du message, on peut cependant utiliser des synonymes, des périphrases, des comparaisons ou des similitudes ainsi que des termes appartenant à un domaine moins spécialisé. | **Les caractéristiques lexicales**

Le texte explicatif ne concerne pas un fait ponctuel, mais une vérité générale : le temps le plus utilisé est donc l'indicatif présent. Les phrases sont organisées de façon simple, avec peu de subordonnées. Dans ce type de texte on trouve souvent la forme impersonnelle ainsi que de nombreux liens logiques, marquant surtout la cause, la conséquence, le but et la concession. | **Les caractéristiques grammaticales**

– Comment exprimer la cause

> pour   faute de   à cause de   en raison de   à la suite de
> grâce à   en effet   car   comme   du moment que   d'autant plus que
> parce que   puisque   étant donné que

– Comment exprimer la conséquence

> si... que   tellement de... que   trop... pour
> de sorte que   donc   alors   c'est pourquoi   par conséquent
> du coup   ainsi   d'où   comme ça (*familier*)

– Comment exprimer le but

> pour   afin de   de façon à   afin que   de sorte que   pour que

– Comment exprimer la concession

> mais   cependant   toutefois   malgré   bien que   en revanche

Texte 1

D'avril à fin mai, avant que les baigneurs parisiens arrivent, on voit paraître soudain, sur la petite plage d'Étretat, quelques vieux messieurs bottés, sanglés[1] en des vestes de chasse [...]

Ce sont les derniers chasseurs de guillemots, ceux qui restent des anciens ; car ils étaient une vingtaine de fanatiques, il y a trente ou quarante ans ; ils ne sont plus que quelques enragés tireurs. Le guillemot est un oiseau voyageur fort rare, dont les habitudes sont étranges. Il habite presque toute l'année les parages de Terre-Neuve, des îles Saint-Pierre et Miquelon ; mais, au moment des amours, une bande d'émigrants traverse l'océan, et, tous les ans, vient pondre et couver au même endroit, à la roche dite « aux Guillemots », près d'Étretat. On n'en trouve que là. Ils y sont toujours venus, on les a toujours chassés, et ils reviennent encore ; ils reviendront toujours.

1. **sanglés** : ici, serrés.

MAUPASSANT, *Contes et Nouvelles*

1. Quel est le thème de ce texte ?

2. Que dit Maupassant à propos des guillemots ?

3. Soulignez les mots techniques se référant aux habitudes des guillemots et expliquez-les.

La plage d'Étretat au XIXe siècle, carte postale.

D'ailleurs, à cette époque, l'abondance des affaires, la multiplicité des correspondances, donna aux simples fournitures de bureaux une importance extraordinaire.

Ainsi, le courrier de la maison Casmodage ne comprenait pas moins de trois mille lettres par jour, lancées à tous les coins des deux mondes. Une machine Lenoir de la force de quinze chevaux ne cessait de copier ces lettres que cinq cents employés lui expédiaient sans relâche[1].

Et cependant, la télégraphie électrique aurait dû singulièrement diminuer le nombre des lettres, car des perfectionnements nouveaux permettaient alors à l'expéditeur de correspondre directement avec le destinataire ; le secret de la correspondance se trouvait ainsi gardé, et les affaires les plus considérables se traitaient à distance. Chaque maison avait ses fils particuliers, d'après le système Wheatstone en usage depuis longtemps dans toute l'Angleterre. Les cours des innombrables valeurs cotées au marché libre venaient s'inscrire eux-mêmes sur des cadrans placés au centre des Bourses de Paris, de Londres, de Francfort, d'Amsterdam, de Turin, de Berlin, de Vienne, de Saint-Pétersbourg, de Constantinople, de New York, de Valparaiso, de Calcutta, de Sydney, de Pékin, de Nouka-hiva. De plus, la télégraphie photographique, inventée au siècle dernier par le professeur Giovanni Caselli de Florence permettait d'envoyer au loin le fac-similé de toute écriture, autographe ou dessin, et de signer des lettres de change ou des contrats à cinq mille lieues[2] de distance.

1. **sans relâche** : sans interruption.

2. **lieue** (f.) : ancienne mesure de distance.

VERNE, *Paris au XXᵉ siècle*

Lisez cet extrait de *Paris au XXᵉ siècle* de Jules Verne et répondez aux questions suivantes :

1. De quoi parle l'auteur ?

2. De quelle façon explique-t-il les procédés cités ?

3. Quels sont les verbes qui reviennent le plus fréquemment ?

Une femme télégraphiste en 1903.

4. Le texte argumentatif

Quel que soit le type de document auquel il appartient (discours politique, publicité, critique cinématographique...), le texte argumentatif veut prouver une opinion, une thèse et/ou combattre une idée en exposant ses failles. Cette opposition à une thèse contraire peut être implicite ou explicite. Il est certain que le destinataire du message – le récepteur – doit posséder certaines notions propres au message pour comprendre la thèse de l'argumentateur – l'émetteur – et en saisir les nuances. Le texte argumentatif peut avoir une double fonction :

– celle de persuader, si l'argumentateur essaie de convaincre le récepteur (discours politique, dépliant publicitaire...) ;

– celle d'engager une polémique, si l'objectif de l'émetteur est celui de ridiculiser son adversaire en montrant les défauts de sa thèse.

L'organisation

L'argumentation concerne un thème, sur lequel précisément l'argumentateur exprime une opinion. Le texte argumentatif se développe à partir d'un raisonnement logique autour de la thèse que l'on veut défendre ou combattre. En outre, dans les messages de type publicitaire et politique on fait souvent appel à l'émotion et aux sentiments du récepteur.

La thèse ou l'opinion que l'on veut contredire peut être citée de façon explicite ou bien sous-entendue. Le raisonnement logique qui soutient ou contredit la thèse peut s'appuyer sur :

– la *déduction* : on tire les conséquences en allant du général au particulier ;

– l'*induction* : on décrit les implications générales en partant d'un cas particulier. Dans ces cas, les arguments sont enchaînés de façon à ce que l'argument qui suit soit une conséquence de celui qui le précède ;

– l'*analogie*, qui s'appuie sur des comparaisons ;

– l'*opposition*, qui montre les contrastes entre les deux thèses ;

– le *raisonnement causal*, qui tire les conséquences d'un fait.

Les caractéristiques lexicales

Le texte argumentatif présente des verbes et des expressions indiquant :

– l'affirmation et l'opinion :

> il est certain que   je suis certain que   je ne nie pas que
> on peut affirmer que   à mon avis   il ne faut pas croire que
> peut-être   certainement   sans aucun doute · sûrement (pas)...

– l'observation et la constatation :

> on voit que   on sait que   on ne peut pas ignorer que
> on n'est pas sans savoir que   il paraît que   on constate que
> on remarque que   en effet   c'est-à-dire   par exemple
> d'ailleurs   de plus...

On trouve également de nombreux liens logiques marquant l'hypothèse, la cause, la concession, la conséquence, l'opposition.

Pour bien comprendre les nuances, il faut enfin tenir compte des connotations, c'est-à-dire du sens particulier qu'un mot ou un énoncé peut prendre dans le contexte du discours et en fonction de la thèse que l'on veut soutenir ou contredire.

Les caractéristiques grammaticales

Puisqu'il s'agit d'un message entre un émetteur et un récepteur, ce type de texte est souvent caractérisé par des pronoms personnels, en particulier ceux de la première et de la deuxième personne (je/tu – nous/vous).
Le temps dominant est le présent indicatif intemporel, le plus indiqué pour exprimer une opinion générale. Puisqu'on utilise souvent des verbes d'opinion ainsi que des liens logiques marquant la concession, la conséquence, l'hypothèse..., le temps et le mode de la subordonnée peut être autre que le présent indicatif : subjonctif, indicatif imparfait, conditionnel...

ACTIVITÉS

Texte 1

– Est-ce que tu ne crois pas que les hommes sont bons naturellement et que c'est la société qui les rend méchants ?
– Non, je ne crois pas que les hommes soient bons naturellement, répondit M. Bergeret. Je vois plutôt qu'ils sortent péniblement et peu à peu de la barbarie originelle et qu'ils s'organisent à grand effort une justice incertaine et une bonté précaire. Le temps est loin encore où ils seront doux et bienveillants les uns pour les autres. Le temps est loin encore où ils ne feront plus la guerre entre eux et où les tableaux qui représentent des batailles seront cachés aux yeux comme immoraux et offrant un spectacle honteux. Je crois que le règne de la violence durera longtemps encore, que longtemps les peuples s'entre-déchireront pour des raisons frivoles, que longtemps les citoyens d'une même nation s'arracheront furieusement les uns aux autres les biens nécessaires à la vie, au lieu d'en faire un partage équitable.

Mais je crois aussi que les hommes sont moins féroces quand ils sont moins misérables, que les progrès de l'industrie déterminent à la longue quelque adoucissement dans les mœurs, et je tiens d'un botaniste que l'aubépine[1] transportée d'un terrain sec en sol gras y change ses épines en fleurs.

1. **aubépine** (f.) : arbuste épineux à fleurs blanches ou roses.

FRANCE, M. *Bergeret à Paris*

1. Quel est dans ce texte le thème de l'argumentation ?
2. Comment l'auteur organise-t-il son raisonnement ?

Texte 2

Nous ne nous tenons jamais au temps présent. Nous anticipons l'avenir comme trop lent à venir, comme pour hâter son cours ; ou nous rappelons le passé, pour l'arrêter comme trop prompt, si imprudents, que nous errons dans les temps qui ne sont point nôtres, et ne pensons point au seul qui nous appartient ; et si vains, que nous songeons à ceux qui ne sont rien, et échappons sans réflexion le seul qui subsiste. C'est que le présent, d'ordinaire, nous blesse. Nous le cachons à notre vue, parce qu'il nous afflige ; et s'il nous est agréable, nous regrettons de le voir échapper. Nous tâchons de le soutenir par l'avenir, et nous pensons à disposer les choses qui ne sont pas en notre puissance, pour un temps où nous n'avons aucune chance d'arriver.

Que chacun examine ses pensées, il les trouvera toutes occupées au passé et à l'avenir. Nous ne pensons presque point au présent ; et, si nous y pensons, ce n'est que pour en prendre la lumière, pour disposer de l'avenir. Le présent n'est jamais notre fin : le passé et le présent sont nos moyens, le seul avenir est notre fin. Ainsi nous ne vivons jamais, mais nous espérons de vivre ; et, nous disposant toujours à être heureux, il est inévitable que nous ne le soyons jamais.

PASCAL, *Pensées*

1. Qu'est-ce que l'auteur veut démontrer ?
2. Quels sont les éléments typiques d'un texte argumentatif que vous pouvez retrouver dans cet extrait ?

*Le monastère de Port-Royal où la pensée catholique a marqué les hommes du XVIIᵉ siècle, croyants ou incrédules.
Gravure de Jeremias Wolf.*

5. Le texte injonctif

Le texte injonctif a pour but de conseiller, demander ou dicter un comportement au destinataire du message pour des raisons multiples :

– énonciation d'une loi, d'un règlement ;
– transmission d'un ordre, d'un conseil ;
– invitation à accomplir une action (par exemple dans des textes de type publicitaire, dans une prière) ;
– instructions pratiques (mode d'emploi, recettes de cuisine).

L'interprétation d'un texte injonctif dépend aussi de la personne qui détient le pouvoir. Le texte représente un ordre si c'est l'émetteur qui a le pouvoir, une prière si le pouvoir est détenu par le destinataire du message.

Le texte injonctif s'organise autour d'une ou plusieurs actions que le récepteur du message est invité à accomplir. Le ton du texte est constant, mais dépend des rapports entre l'émetteur et le récepteur. S'il s'agit d'un rapport de subordination, le ton peut être décidé, péremptoire ou même agressif ; si, par contre, le rapport est égalitaire ou peu important, le ton peut être convaincant, affable (publicités) ou même neutre (modes d'emploi). Dans certains cas, le texte injonctif peut être organisé à partir d'une séquence illustrant, par ordre chronologique ou spatial, les actions ou les opérations à accomplir (indications routières, d'orientation dans un guide ; recettes ; modes d'emploi).

L'organisation

Dans ce type de texte l'émetteur interpelle souvent directement le destinataire du message. On trouve donc souvent des interpellations directes : « citoyens », « à tous les automobilistes », « cher consommateur », « chers clients »...
Ce texte présente en outre un grand nombre de verbes, surtout d'action et de mouvement :

Les caractéristiques lexicales

> faire agir prendre respecter choisir mettre
> aller tourner traverser mélanger profiter essayer...

Le champ lexical est celui de l'action ou des actions indiquées par l'émetteur et il dépend du contexte. C'est ainsi que le vocabulaire peut concerner la cuisine si le texte est une recette, la mécanique s'il s'agit du mode d'emploi d'un appareil, le droit s'il s'agit d'une loi...

Le mode et le temps choisis dépendent du type d'injonction.
L'impératif est le temps de l'injonction par excellence, mais on peut trouver aussi :

Les caractéristiques grammaticales

– l'infinitif, si le ton est neutre (modes d'emploi, recettes, proverbes) ;
– le conditionnel, si on donne un conseil et que l'ordre n'est pas péremptoire ;
– le futur indicatif, si on indique ce qui est à faire ou à ne pas faire dans le futur ;
– le présent indicatif, si on énonce une loi, un règlement ;

– le subjonctif, après des verbes exprimant une volonté, une nécessité, un ordre :

> je veux que...   il faut que...   il est nécessaire que...
> il est indispensable que...   je souhaite que...

Les textes injonctifs présentent généralement peu de subordonnées : les phrases sont courtes et nombreuses et il y a plus de verbes que d'adjectifs.

ACTIVITÉS

Texte 1

Prière à Dieu

Ce n'est donc plus aux hommes que je m'adresse ; c'est à toi, Dieu de tous les êtres, de tous les mondes et de tous les temps : s'il est permis à de faibles créatures perdues dans l'immensité, et imperceptibles au reste de l'univers, d'oser te demander quelque chose, à toi qui as tout donné, à toi dont les décrets sont immuables comme éternels, daigne regarder en pitié les erreurs attachées à notre nature ; que ces erreurs ne fassent point nos calamités. Tu ne nous as point donné un cœur pour nous haïr, et des mains pour nous égorger ; fais que nous nous aidions mutuellement à supporter le fardeau d'une vie pénible et passagère ; que les petites différences entre les vêtements qui couvrent nos débiles corps, entre tous nos langages insuffisants, entre tous nos usages ridicules, entre toutes nos lois imparfaites, entre toutes nos opinions insensées, entre toutes nos conditions si disproportionnées à nos yeux, et si égales devant toi ; que toutes ces petites nuances qui distinguent les atomes appelées hommes ne soient pas des signaux de haine et de persécution ; que ceux qui allument des cierges en plein midi pour te célébrer supportent ceux qui se contentent de la lumière de ton soleil ; que ceux qui couvrent robe d'une toile blanche pour dire qu'il faut t'aimer ne détestent pas ceux qui disent la même chose sous un manteau de laine noire ; qu'il soit égal de t'adorer dans un jargon formé d'une ancienne langue, ou dans un jargon plus nouveau ; que ceux dont l'habit est teint en rouge ou en violet, qui dominent sur une petite parcelle d'un petit tas de la boue de ce monde, et qui possèdent quelques fragments arrondis d'un certain métal, jouissent sans orgueil de ce qu'ils appellent grandeur et richesse, et que les autres les voient sans envie : car tu sais qu'il n'y a dans ces vanités ni de quoi envier, ni de quoi s'enorgueillir.

Puissent tous les hommes se souvenir qu'ils sont frères ! Qu'ils aient en horreur la tyrannie exercée sur les âmes, comme ils ont en exécration le brigandage qui ravit par la force le fruit du travail et de l'industrie paisible ! Si les fléaux de la guerre sont inévitables, ne nous haïssons pas, ne nous déchirons pas les uns les autres dans le sein de la paix, et employons l'instant de notre existence à bénir également en mille langages divers, depuis Siam jusqu'à la Californie, ta bonté qui nous a donné cet instant.

VOLTAIRE, *Traité sur la Tolérance*

1. À qui s'adresse l'auteur de ce texte ? Pourquoi ?

2. Trouvez dans ce texte quelques-unes des caractéristiques du texte injonctif.

L'Inquisition *par A. Lucas.*

Les formes du récit : roman, conte et nouvelle

1. Le roman – un genre multiforme

Les caractéristiques du roman ont évolué au fil des siècles en s'adaptant aux goûts esthétiques des écrivains et du public.

Il s'agit d'un genre multiforme se présentant sous des formes très diversifiées et donc difficiles à définir.

Cependant, si l'on essaie de décrire ce genre littéraire à partir de ses caractéristiques les plus générales, on peut dire qu'un roman est un récit en prose assez long, qui présente une série d'aventures fictives. Malgré son caractère de fiction, le roman met toutefois en scène, selon le cas, des lieux réels, des événements historiques ainsi que des personnages vraisemblables, ayant généralement une épaisseur psychologique.

Mais les rapports du roman avec la réalité sont complexes. Le roman imite ou transpose le réel à partir du point de vue subjectif d'un auteur, qui transforme, avec son regard et sa sensibilité, l'imagination en fiction. Grâce à ses rapports plus ou moins directs avec le réel, le roman permet au lecteur de transposer ses sentiments et ses expériences dans les personnages, d'aimer ou de souffrir, ce qui explique le succès de ce genre par rapport aux autres formes littéraires.

Le roman et son public

La popularité du roman est telle que la confusion entre réalité et fiction romanesque a fait ses « victimes » parmi les lecteurs, phénomène qu'on peut rapprocher de l'influence parfois néfaste des médias de nos jours.

Des faits réels (par exemple la vague de suicides après la publication du roman *Douleurs du Jeune Werther* de Goethe) ou des personnages romanesques mêmes ont témoigné de cette influence sur les lecteurs.

Le bovarysme d'Emma, héroïne qui a beaucoup lu et qui trouve sa vie inadéquate par rapport au monde des romans, ressemble dans cette perspective à la chasse aux moulins à vent que Don Quichotte prend pour des géants à combattre, ennemis issus des romans de chevalerie.

Le roman est aussi un produit de consommation : environ un tiers du marché du livre est représenté aujourd'hui par des romans et de nombreux prix (le plus célèbre est en France le prix Goncourt, datant de 1903) récompensent les œuvres les plus significatives.

Les origines du roman

Le mot « roman » remonte au Moyen-Âge, quand il désigne un récit en vers écrit en langue romane (le latin populaire s'opposant au latin des érudits) qui raconte les aventures d'un héros, un chevalier dans la plupart des cas (*Le Roman de la Rose*, *Le Roman de Renart*, *Le Conte du Graal* de Chrétien de Troyes...).

Plus tard, au XVIIe siècle, le mot roman indique une œuvre en prose assez longue ayant pour sujet des aventures se déroulant souvent dans un décor pastoral (*L'Astrée* de H. d'Urfé).

Au XVIIIe siècle le roman, sous l'influence du grand essor du roman anglais lié au développement de la presse et du feuilleton, raconte des histoires de plus en plus proches de la réalité, des mémoires, des romans par lettres ou des histoires « vraies » (*Manon Lescaut, Paul et Virginie, Les Liaisons dangereuses*) capables de satisfaire le besoin d'évasion ou d'identification du lecteur.

Dans quelques cas, le roman se fait aussi l'expression plus ou moins directe d'idées philosophiques (*Les Lettres Persanes, Jacques le Fataliste, Candide*) ou s'inspire du roman espagnol avec des œuvres du genre picaresque (*Gil Blas de Santillane* de Lesage).

Au XIXe siècle le roman devient un genre très important, car les écrivains tentent de donner une représentation précise de la réalité extérieure (histoire et société) et intérieure (sentiments, psychologie).

Cette tendance continue au XXe siècle, même s'il y a des changements significatifs au niveau de la structure du récit, surtout avec le Nouveau Roman, appellation donnée à un groupe d'écrivains (Sarraute, Robbe-Grillet, Butor) qui essaient d'innover le roman.

L'évolution chronologique et linéaire de l'histoire est remise en cause, de nouvelles techniques romanesques se développent influencées en partie par la psychanalyse, par la découverte de l'inconscient et par certains écrivains (Proust, Joyce, Woolf, Svevo). Le monologue intérieur remplace donc le dialogue traditionnel, l'ordre des événements n'est plus chronologique mais lié aux associations dans la mémoire du narrateur, le rôle même du narrateur omniscient change. De nos jours, beaucoup de romans ont été adaptés pour le cinéma ou la télévision. Parmi les films les plus célèbres, rappelons *Le Rouge et le Noir, La princesse de Clèves, La Reine Margot, Germinal, Les Misérables...*

Les genres romanesques sont nombreux et ils n'ont pas tous la même valeur esthétique. À côté de chefs-d'œuvre de littérature, on trouve des romans « à l'eau de rose » n'ayant aucune valeur artistique, ce qui explique pourquoi l'adjectif romanesque a parfois une connotation négative.

Les genres romanesques

Nous rappelons ici les genres les plus importants, avec une remarque, cependant : les chefs-d'œuvre échappent généralement aux classifications et ils appartiennent souvent à plusieurs genres en même temps.

Le roman d'initiation ou d'apprentissage (Bildungsroman)

Ce type de roman décrit l'évolution d'un personnage, ses expériences, son éducation... au contact du monde extérieur (*Wilhelm Meister* de Goethe, *L'Éducation Sentimentale* de Flaubert).

Le roman autobiographique

C'est un récit à la première personne du singulier dans lequel l'auteur raconte sa vie en s'identifiant avec le narrateur (*Les Confessions* de Rousseau, *Les Mots* de Sartre).

Le roman historique

Ce type de roman se passe à une époque bien précise, qui est souvent antérieure à celle de l'auteur. Cela peut lui permettre de dénoncer indirectement les défauts de la société de son temps (*Notre-Dame de Paris* de Victor Hugo, *Les Chouans* de Balzac, *Cinq-Mars* de Vigny ou encore *Ivanohé* de Walter Scott).

Le roman d'aventures

C'est un genre très populaire, où l'action est rapide et les événements se succèdent sans interruption en faisant agir les personnages dans plusieurs milieux (Alexandre Dumas et Jules Verne).

Le roman par lettres

Ce genre, caractérisé par une succession de lettres, a été à la mode dans le passé et a connu son apogée au XVIIIe siècle (*La Nouvelle Héloïse* de Rousseau, *Les Lettres Persanes* de Montesquieu).

Le roman social – réaliste et naturaliste

C'est un genre qui connaît son succès après la révolution industrielle et l'urbanisation des grandes villes (Paris, Londres). Les écrivains y racontent la vie des classes populaires, des enfants exploités dans les usines, des paysans pauvres... (Dickens – *David Copperfield*, *Hard Times*, *A Tale of two cities* –, *La Comédie Humaine* de Balzac, l'*Histoire naturelle et sociale d'une famille sous le Second Empire* de Zola, *I Malavoglia* de Verga.)

Le roman d'anticipation et de science-fiction

Ce roman imagine l'avenir de l'humanité, tantôt en anticipant le résultat de certaines découvertes scientifiques tantôt en inventant des situations et des mondes nouveaux.
(Jules Verne, *Brave New World* de Huxley, *1984* de George Orwell.)

Le roman policier

Il s'agit d'un genre très populaire, né au XIXe siècle avec *Le meurtre de la rue Morgue* (1841) de l'Américain Edgar Allan Poe. Le roman policier est centré sur la lutte entre le bien et le mal : d'un côté il y a le coupable, que l'on découvre à la fin du livre, de l'autre côté le policier ou le détective qui cherche ce coupable. (Arthur Conan Doyle, Agatha Christie, Maurice Leblanc et Georges Simenon.)

Le Nouveau Roman

Dans ce genre de romans, les techniques romanesques traditionnelles sont complètement bouleversées. Il n'y a plus de récit linéaire et la narration fait appel au monologue intérieur et à des points de vue différents. (Nathalie Sarraute, Alain Robbe-Grillet et Michel Butor.)

Les techniques romanesques

Le roman a une structure fondée sur la présence d'une intrigue, une histoire fictive qui s'inspire parfois de la réalité, d'un fait divers ou d'un épisode historique. Cette histoire est organisée dans un schéma narratif qui, à partir d'une situation initiale, passe à travers plusieurs phases, plus ou moins constantes dans toutes les intrigues : un événement ou un personnage perturbe la situation de départ, une deuxième force intervient pour mener à solution le problème jusqu'au dénouement, qui peut être heureux ou malheureux. L'intrigue peut être unique – cela arrive surtout dans les nouvelles et plus rarement dans un roman – ou complexe. Les épisodes de l'histoire peuvent être enchaînés de façon linéaire, les uns après les autres par ordre chronologique, ou bien enchâssés, si une autre histoire s'insère à l'intérieur de l'intrigue principale (par exemple Diderot, *Jacques le Fataliste*). La mise en abîme est à ce propos un type particulier d'enchâssement (par exemple Gide, *Les Faux Monnayeurs*). Le récit peut en outre être organisé de façon à présenter des événements parallèles, de façon alternée et indépendante. Cette technique a été quelquefois adoptée par le Nouveau Roman, qui s'est inspiré à ce propos du roman américain du XXᵉ siècle.

L'organisation du temps

En étudiant la composition d'un roman, il faut distinguer différents niveaux temporels : le temps du contexte historique, si la fiction se déroule à une époque précise, le temps de la fiction (c'est-à-dire la durée de l'histoire racontée) et le temps de la narration, c'est-à-dire la durée que l'auteur consacre à chaque événement. Puisqu'il arrive qu'un écrivain raconte un épisode de quelques minutes en y dédiant plusieurs pages et, au contraire, qu'il ne réserve que quelques lignes à des périodes plus longues de l'histoire, on peut dire que – exception faite pour le dialogue – le temps de la fiction ne coïncide presque jamais avec celui de la narration.

L'organisation de l'espace

C'est un élément qui a une double fonction car l'espace – réel ou imaginaire – contribue à donner au roman un aspect réaliste, ou bien suggère et symbolise des sensations, des opinions, des états d'âme. La description de l'espace peut être objective, si elle est faite par un narrateur extérieur, ou subjective, si elle est faite par un personnage.

Le point de vue du narrateur

Auteur et narrateur ne coïncident que dans le roman autobiographique. Dans les autres cas, le narrateur fait partie lui aussi de la fiction. Il peut se confondre avec un personnage dans les romans à la première personne ou être la voix de plusieurs personnages, par exemple dans les romans par lettres.
On parle de **focalisation interne** si le narrateur exprime le point de vue d'un seul personnage, de **focalisation externe** s'il ne raconte que ce qu'il voit ou entend sans décrire les pensées des personnages, de **focalisation zéro** si le narrateur est omniscient et semble tout savoir sur l'intrigue et les personnages.

Les personnages

Les personnages sont des personnes imaginaires – parfois inspirées de personnes réelles – que l'auteur nous fait connaître le long de l'histoire. On distingue le personnage principal (ou héros/héroïne), des personnages secondaires et les auxiliaires (ou adjuvants), qui aident le héros, des opposants, rivaux du personnage principal.
Les personnages sont souvent la représentation de types humains présents à travers une série de caractéristiques : le nom, parfois révélateur du caractère ou du destin ; le langage, qui peut révéler le milieu social ; le rôle social ; le caractère psychologique et les caractéristiques physiques.
Avec les nouvelles techniques romanesques, la caractérisation des personnages a beaucoup changé. Du personnage du roman réaliste on est passé au personnage effacé du nouveau roman, qui ne se révèle qu'à travers ses gestes et les pensées de son monologue intérieur.

2. La nouvelle

Moins populaire en France que le roman, la nouvelle se distingue de celui-ci à cause de sa taille réduite. Il s'agit d'un récit bref, publié singulièrement dans des revues ou sous la forme de recueil. Appelée souvent « conte » de façon inexacte, la nouvelle est la forme idéale pour raconter un événement particulièrement significatif. Elle tourne généralement autour d'un seul sujet et son rythme est assez rapide et son style concis, essentiel.

Le conte | Le conte comprend des textes assez brefs qui se distinguent de la nouvelle parce qu'ils décrivent une situation fantastique et irréelle. Le conte comprend quelques sous-genres : *le conte de fée*, dont l'exemple le plus célèbre est représenté par les contes de Perrault ; *le conte philosophique*, qui permet aux philosophes tels que Voltaire (*Candide, Zadig, La princesse de Babylone*) de faire une critique indirecte de la société de leur temps ; *les contes fantastiques*, où le rôle du surnaturel est très important (*Contes fantastiques* de Gautier.)

Le petit Poucet, *de Charles Perrault pour l'édition de 1923. Litographie de C. Hirlemann.*

ACTIVITÉS

Texte 1

Une pension bourgeoise

Madame Vauquer, née de Conflans, est une vieille femme qui, depuis quarante ans, tient à Paris une pension bourgeoise établie rue Neuve-Sainte-Geneviève, entre le quartier latin et le faubourg Saint-Marceau. Cette pension, connue sous le nom de la Maison-Vauquer, admet généralement des hommes et des femmes, des jeunes gens et des vieillards, sans que jamais la médisance ait attaqué les mœurs de ce respectable établissement. Mais aussi depuis trente ans ne s'y était-il jamais vu de jeune personne, et pour qu'un jeune homme y demeure, sa famille doit-elle faire une bien maigre pension. Néanmoins, en 1815, époque à laquelle ce drame commence, il s'y trouvait une pauvre jeune fille. En quelque discrédit que soit tombé le mot drame par la manière abusive et tortionnaire [1] dont il a été prodigué dans ces temps de douloureuse littérature, il est nécessaire de l'employer ici : non que cette histoire soit dramatique dans le sens vrai du mot ; mais, l'œuvre accomplie, peut-être aura-t-on versé quelques larmes *intra muros et extra*. Sera-t-elle comprise au-delà de Paris ? le doute est permis. Les particularités de cette scène pleine d'observations et de couleurs locales ne peuvent être appréciées qu'entre les buttes de Montmartre et les hauteurs de Montrouge, dans cette illustre vallée de plâtras [2] incessamment près de tomber et de ruisseaux noirs de boue ; vallée remplie de souffrances réelles, de joies souvent fausses, et si terriblement agitée qu'il faut je ne sais quoi d'exorbitant pour y produire une sensation de quelque durée. Cependant il s'y rencontre çà et là des douleurs que l'agglomération des vices et des vertus rend grandes et solennelles : à leur aspect, les égoïsmes, les intérêts, s'arrêtent et s'apitoient ; mais l'impression qu'ils en reçoivent est comme un fruit savoureux promptement dévoré. Le char de la civilisation, semblable à celui de l'idole de Jaggernat [3], à peine retardé par un cœur moins facile à broyer que les autres et qui enraie sa roue, l'a brisé bientôt et continue sa marche glorieuse. Ainsi ferez-vous, vous qui tenez ce livre d'une main blanche, vous qui vous enfoncez dans un mœlleux fauteuil en vous disant : Peut-être ceci va-t-il m'amuser. Après avoir lu les secrètes infortunes du père Goriot, vous dînerez avec appétit en mettant votre insensibilité sur le compte de l'auteur, en le taxant d'exagération, en l'accusant de poésie. Ah ! sachez-le : ce drame n'est ni une fiction ni un roman. *All is true*, il est si véritable, que chacun peut en reconnaître les éléments chez soi, dans son cœur peut-être.

1. **tortionnaire** : qui torture.

2. **plâtras** (m.) : débris.

3. **Jaggernat** : une des incarnations du dieu hindou Visnu dont l'idole était promenée sur un char sous lequel se jetaient les fidèles pour mériter une nouvelle vie.

BALZAC, *Le Père Goriot*

Lisez ce début du roman de Balzac *Le Père Goriot* et répondez aux questions suivantes :

1. À quel genre romanesque appartient le roman ?
2. Quels sont les éléments du texte qui vous l'indiquent ? Soulignez-les.
3. À quelle époque et à quel endroit se déroule l'histoire ?
4. Est-ce que cela est important, selon le narrateur ?
5. De quelle façon le narrateur intervient-il pour s'adresser directement au lecteur ?
6. Quelles anticipations donne-t-il sur le déroulement de l'histoire ?
7. Quel est le point de vue du narrateur dans cet extrait ?
   a. focalisation externe
   b. focalisation interne
   c. focalisation zéro
8. Quels sont les personnages annoncés par le narrateur et qu'est-ce qu'on apprend sur leur compte dès les premières lignes ?

Texte 2

À six heures, le corps du père Goriot fut descendu dans sa fosse, autour de laquelle étaient les gens de ses filles, qui disparurent avec le clergé aussitôt que fut dite la courte prière due au bonhomme pour l'argent de l'étudiant. Quand les deux fossoyeurs eurent jeté quelques pelletées de terre sur la bière pour la cacher, ils se relevèrent, et l'un d'eux, s'adressant à Rastignac, lui demanda leur pourboire. Eugène fouilla dans sa poche et n'y trouva rien, il fut forcé d'emprunter vingt sous à Christophe. Ce fait, si léger en lui-même, détermina chez Rastignac un accès d'horrible tristesse. Le jour tombait, un humide crépuscule agaçait les nerfs, il regarda la tombe et y ensevelit sa dernière larme de jeune homme, cette larme arrachée par les saintes émotions d'un cœur pur, une de ces larmes qui, de la terre où elles tombent, rejaillissent jusque dans les cieux. Il se croisa les bras, contempla les nuages, et, le voyant ainsi, Christophe le quitta.

Rastignac, resté seul, fit quelques pas vers le haut du cimetière et vit Paris tortueusement couché le long des deux rives de la Seine où commençaient à briller les lumières. Ses yeux s'attachèrent presque avidement entre la colonne de la place Vendôme et le dôme des Invalides, là où vivait ce beau monde dans lequel il avait voulu pénétrer. Il lança sur cette ruche [1] bourdonnant un regard qui semblait par avance en pomper le miel, et dit ces mots grandioses : « À nous deux maintenant ! »

Et pour premier acte du défi qu'il portait à la Société, Rastignac alla dîner chez Madame de Nucingen.

BALZAC, *Le Père Goriot*

1. **ruche** (f.) : abri aménagé pour y recevoir les abeilles.

Lisez cet extrait qui est la fin du roman et comparez-le au début (texte 1) :

1. Y a-t-il des points en commun entre le début et la fin du roman ?

2. Quels sont les personnages cités ?

3. Comment le drame annoncé dès le début s'est-il accompli ?

4. Pourquoi le rôle de la ville est-il toujours de première importance ?

5. De quelle façon Balzac ne manque-t-il pas de souligner l'importance de l'argent ?

6. Quels sont les éléments de la conclusion qui vous font comprendre que l'épilogue du roman est « ouvert », c'est-à-dire qu'il annonce une nouvelle histoire ?

L'être que j'appelle moi vint au monde un certain lundi 8 juin 1903, vers les 8 heures du matin, à Bruxelles, et naissait d'un Français appartenant à une vieille famille du Nord, et d'une Belge dont les ascendants avaient été durant quelques siècles établis à Liège, puis s'étaient fixés dans le Hainaut. La maison où se passait cet événement, puisque toute naissance en est un pour le père et la mère et quelques personnes qui leur tiennent de près, se trouvait située au numéro 193 de l'avenue Louise, et a disparu il y a une quinzaine d'années, dévorée par un building.

Ayant ainsi consigné ces quelques faits qui ne signifient rien par eux-mêmes, et qui, cependant, et pour chacun de nous, mènent plus loin que notre propre histoire et même que l'histoire tout court, je m'arrête, prise de vertige devant l'inextricable enchevêtrement[1] d'incidents et de circonstances qui plus ou moins nous déterminent tous. Cet enfant du sexe féminin, déjà pris dans les coordonnées de l'ère chrétienne et de l'Europe du XXe siècle, ce bout de chair rose pleurant dans un berceau bleu, m'oblige à me poser une série de questions d'autant plus redoutables qu'elles paraissent banales, et qu'un littérateur qui sait son métier se garde bien de formuler. Que cet enfant soit moi, je n'en puis douter sans douter de tout. Néanmoins, pour triompher en partie du sentiment d'irréalité que me donne cette identification, je suis forcée, tout comme je le serais pour un personnage historique que j'aurais tenté de recréer, de m'accrocher à des bribes[2] de souvenirs reçus de seconde ou de dixième main.

1. **enchevêtrement** (m.) : confusion, désordre.

2. **bribes** (f. pl.) : fragments.

YOURCENAR, *Souvenirs pieux*

Cet extrait est le début du roman de Marguerite Yourcenar *Souvenirs pieux* :

1. De quel genre de roman s'agit-il ?

2. Pourquoi est-ce que l'emploi de la troisième personne du singulier constitue une anomalie par rapport aux autres romans de ce genre ?

3. Quels sont les indicateurs de temps et d'espace ?

4. Est-ce qu'ils se réfèrent à des événements réels ou à des épisodes imaginaires ?

Marguerite Yourcenar, en 1987.

Félicité est le personnage principal de la nouvelle *Un cœur simple* de Flaubert. Avant de lire cet extrait, répondez à ces questions :

1. Que vous suggère le nom du personnage ? Faites des hypothèses sur le lien qu'il peut y avoir entre le personnage et le choix du nom de la part de l'auteur.

2. Arrêtez-vous un instant sur le titre de la nouvelle : que vous suggère-t-il à propos du personnage ?

Texte 4

Pendant un demi-siècle, les bourgeoises de Pont-l'Évêque envièrent à Mme Aubain sa servante Félicité.

Pour cent francs par an, elle faisait la cuisine et le ménage, cousait, lavait, repassait, savait brider un cheval, engraisser les volailles, battre le beurre, et resta fidèle à sa maîtresse, qui cependant n'était pas une personne agréable.

Elle avait épousé un beau garçon sans fortune, mort au commencement de 1809, en lui laissant deux enfants très jeunes avec une quantité de dettes. Alors elle vendit ses immeubles, sauf la ferme de Toucques et la ferme de Geffosses, dont les rentes montaient à 5 000 francs tout au plus, et elle quitta sa maison de Saint-Mélaine pour en habiter une autre moins dispendieuse, ayant appartenu à ses ancêtres et placée derrière les halles.

Cette maison, revêtue d'ardoises, se trouvait entre un passage et une ruelle aboutissant à la rivière. [...] Une lucarne au second étage éclairait la chambre de Félicité, ayant vue sur les prairies.

Elle se levait dès l'aube, pour ne pas manquer la messe, et travaillait jusqu'au soir sans interruption ; puis, le dîner étant fini, la vaisselle en ordre et la porte bien close, elle enfouissait la bûche sous les cendres et s'endormait devant l'âtre, son rosaire à la main. Personne, dans les marchandages, ne montrait plus d'entêtement. Quant à la propreté, le poli de ses casseroles faisait le désespoir des autres servantes. Économe, elle mangeait avec lenteur, et recueillait du doigt sur la table les miettes de son pain, – un pain de douze livres, cuit exprès pour elle, et qui durait vingt jours.

En toute saison, elle portait un mouchoir d'indienne fixé dans le dos par une épingle, un bonnet lui cachant les cheveux, des bas gris, un jupon rouge, et par-dessus sa camisole un tablier à bavette, comme les infirmières d'hôpital.

Son visage était maigre et sa voix aiguë. À vingt-cinq ans on lui en donnait quarante. Dès la cinquantaine, elle ne marqua plus aucun âge ; – et toujours silencieuse, la taille droite et les gestes mesurés, semblait une femme en bois, fonctionnant d'une manière automatique.

FLAUBERT, *Un cœur simple*

3. Est-ce que vos hypothèses à propos du choix du nom et du titre ont été confirmées ? Justifiez votre réponse.

4. Pourquoi, à votre avis, l'auteur introduit-il le personnage de Félicité tout de suite après la description de la maison ?

5. Relisez la première phrase de la nouvelle et dites pourquoi elle résume le temps de la fiction.

6. Les informations que l'auteur nous donne sur Félicité ne se réfèrent pas à un moment précis de l'histoire, mais elles concernent une longue période. Quelle est cette période ? Qu'est-ce qui change au fil des années dans l'attitude de Félicité ?

7. Relevez les détails suivants du portrait de Félicité :

Métier	Âge	Aspect physique	Caractère

8. Quelle est l'idée du personnage suggérée dès ce premier portrait ? A-t-on une impression de bonheur ? Pourquoi ?

9. Cinquante ans et plus de la vie d'un personnage résumés en une nouvelle. Pourquoi Flaubert a-t-il choisi cette forme d'expression, à votre avis ? Est-ce que le titre et le ton de la narration que vous avez pu apprécier jusqu'ici peuvent vous aider à répondre à cette question ? Justifiez votre réponse.

La Baratteuse *de Jean-François Millet, 1868.*

Texte 5

Le petit chaperon rouge

Il était une fois une petite fille de Village, la plus jolie qu'on eût su voir ; sa mère en était folle, et sa mère-grand plus folle encore. Cette bonne femme lui fit faire un petit chaperon rouge, qui lui seyait si bien, que partout on l'appelait le Petit chaperon rouge.

Un jour sa mère, ayant cuit et fait des galettes, lui dit : « Va voir comment se porte ta mère-grand, car on m'a dit qu'elle était malade, porte-lui une galette et ce petit pot de beurre. » Le petit chaperon rouge partit aussitôt pour aller chez sa mère-grand, qui demeurait dans un autre Village. En passant dans un bois elle rencontra compère le Loup, qui eut bien envie de la manger ; mais il n'osa, à cause de quelques Bûcherons qui étaient dans la Forêt. Il lui demanda où elle allait ; la pauvre enfant, qui ne savait pas qu'il est dangereux de s'arrêter à écouter un Loup, lui dit : « Je vais voir ma Mère-grand et lui porter une galette avec un petit pot de beurre que ma mère lui envoie. – Demeure-t-elle bien loin ? lui dit le Loup. – Oh ! oui, dit le petit chaperon rouge, c'est par-delà le moulin que vous voyez tout là-bas, là-bas, à la première maison du Village. – Hé bien, dit le Loup, je veux l'aller voir aussi ; je m'y en vais par ce chemin ici, et toi par ce chemin là, et nous verrons qui plus tôt y sera. »

Le Loup se mit à courir de toute sa force par le chemin qui était le plus court, et la petite fille s'en alla par le chemin le plus long, s'amusant à cueillir des noisettes, à courir après des papillons, et à faire des bouquets des petites fleurs qu'elle rencontrait. Le Loup ne fut pas longtemps à arriver à la maison de la mère-grand ; il heurte :

Toc, toc. « Qui est là ? – C'est votre fille le petit chaperon rouge – dit le Loup en contrefaisant sa voix – qui vous apporte une galette et un petit pot de beurre que ma Mère vous envoie. » La bonne mère-grand, qui était dans son lit à cause qu'elle se trouvait un peu mal [1], lui cria : « Tire la chevillette, la bobinette [2] cherra [3]. » Le Loup tira la chevillette et la porte s'ouvrit. Il se jeta sur la bonne femme, et la dévora en moins de rien ; car il y avait plus de trois jours qu'il n'avait mangé. Ensuite il ferma la porte et s'alla coucher dans le lit de la mère-grand, en attendant le petit chaperon rouge, qui quelque temps après vint heurter à la porte. Toc, toc. « Qui est là ? » Le petit chaperon rouge qui entendit la grosse voix du loup, eut peur d'abord, mais croyant que sa mère-grand était enrhumée, répondit : « C'est votre fille le petit chaperon rouge, qui vous apporte une galette et un petit pot de beurre que ma Mère vous envoie. » Le Loup lui cria en adoucissant un peu sa voix : « Tire la chevillette, la bobinette cherra. » Le petit chaperon rouge tira la chevillette et la porte s'ouvrit. Le Loup, la voyant entrer, lui dit en se cachant dans le lit sous la couverture : « Mets la galette et le petit pot de beurre sur la huche, et viens te coucher avec moi. » Le petit chaperon rouge se déshabille, et va se mettre dans le lit, où elle fut bien étonnée de voir comment sa mère-grand était faite en son déshabillé. Elle lui dit : « Ma Mère-grand, que vous avez de grands bras ! – C'est pour mieux t'embrasser, ma fille – Ma Mère-grand, que vous avez de grandes jambes ! – C'est pour mieux courir, mon enfant. – Ma Mère-grand, que vous avez de grandes oreilles ! C'est pour mieux écouter, mon enfant. – Ma Mère-grand, que vous avez de grands yeux ! – C'est pour mieux voir, mon enfant. – Ma Mère-grand, que vous avez de grandes dents ! – C'est pour te manger. » – Et en disant ces mots, ce méchant Loup se jeta sur le petit chaperon rouge, et la mangea.

1. **se trouvait un peu mal** : était un peu malade.

2. **bobinette** (f.) : loquet.

3. **cherra** : (futur du verbe choir), tombera.

MORALITÉ

On voit ici que de jeunes enfants,
*   Surtout de jeunes filles*
*   Belles, bien faites, et gentilles,*
Font très mal d'écouter toute sorte de gens,
*   Et que ce n'est pas chose étrange,*
*   S'il en est tant que le loup mange.*
*   Je dis le loup, car tous les loups*
*   Ne sont pas de la même sorte ;*
*   Il en est d'une humeur accorte,*
*   Sans bruit, sans fiel et sans courroux,*
*   Qui privés [1], complaisants et doux,*
*   Suivent les jeunes Demoiselles*
Jusque dans les maisons, jusque dans les ruelles ;
*   Mais hélas ! qui ne sait que ces Loups doucereux,*
*   De tous les Loups sont les plus dangereux.*

1. **privés** : apprivoisés.

C. PERRAULT, *Histoires ou contes du temps passé*

Lisez ce conte de Perrault et soulignez les indicateurs de temps et d'espace.

1. Qu'est-ce qui distingue ces indicateurs de ceux du roman et de la nouvelle que vous venez d'examiner ? Est-ce une caractéristique de ce genre littéraire ?

2. Quels sont les éléments invraisemblables du récit ?

3. De quelle façon sont présentés les personnages ? Sont-ils des types bien caractérisés ou plutôt des stéréotypes ?

4. Quelle est la fonction de la moralité finale ?

5. S'agit-il d'un conte pour enfants ? Justifiez votre réponse.

Le petit Chaperon Rouge
par Gustave Doré.

La poésie

1. La poésie ou la création du langage

La poésie diffère de la prose parce qu'elle s'exprime généralement en vers, forme d'expression qui suit des règles et des contraintes bien précises.

Le mot « poésie » dérive du grec « poiêsis » qui signifie « faire, créer ». À l'origine chantée ou récitée, la poésie représente un véritable travail sur les mots à la recherche du rythme et d'un nouveau langage fondé sur la régularité des vers, des rimes, des strophes ainsi que sur le pouvoir évocateur des mots.

Véritable moyen d'exploration du langage, la poésie se caractérise par l'emploi d'images et de figures de style originales ainsi que par un lexique et une syntaxe souvent inhabituels. À travers la poésie, les poètes ont non seulement exprimé leurs sentiments, mais aussi leurs idées philosophiques et morales. Comme le roman, la poésie est un genre littéraire qui a évolué au fil des siècles en modifiant ses techniques et ses procédés d'écriture ; des règles et des contraintes qui existaient dans quelques cas depuis l'Antiquité, le Moyen-Âge ou la Renaissance, les poètes contemporains sont ainsi passés à une poésie libre de toute contrainte, ayant parfois des formes insolites (calligrammes, poèmes en prose).

La versification | Le travail sur le langage du poète n'est pas seulement fait d'inspiration – comme l'on croit souvent – mais aussi de règles techniques de versification bien précises, qu'il faut connaître pour mieux apprécier la valeur esthétique d'un poème.

Le vers | On peut définir le vers comme un ensemble de mots qui, selon le nombre de syllabes et les sons qu'ils contiennent, créent des effets de rythme et des sonorités particulières.

Le vers et la phrase ne coïncident pas forcément. Il y a par exemple un *enjambement* si la phrase d'un vers continue dans le vers suivant ou un *rejet* quand seul le dernier mot de la phrase est placé au début du vers successif.

Des mètres variables | Le mètre dépend du nombre de syllabes prononcées. Les vers les plus communs sont les vers pairs : l'*alexandrin* (12 syllabes), dont le nom dérive d'un poème du Moyen-Âge intitulé *Le Roman d'Alexandre*, le *décasyllabe* (10 syllabes) et l'*octosyllabe* (8 syllabes). L'alexandrin, le vers classique par excellence de la poésie française, se divise en deux *hémistiches* de six syllabes, séparés par une coupe appelée *césure*. Les Romantiques, en particulier Victor Hugo, ont ensuite créé des alexandrins divisés en trois parties de quatre syllabes chacune.

Il existe en outre des poèmes avec des vers impairs ou des vers libres, qui présentent un mètre irrégulier permettant au poète de mieux traduire ses intentions poétiques.

Pour bien compter les syllabes, il faut faire attention à la position du « e » muet. Si celui-ci est à l'intérieur du vers, on compte la syllabe à laquelle il appartient, à moins que le mot qui suit ne commence par une voyelle. Si, au contraire, il est à la fin du vers, on ne le compte pas. Pour que le mètre soit respecté, il arrive que l'on compte dans un mot une syllabe de plus (*dièrèse*) ou de moins (*synérèse*).

Comment compte-t-on les syllabes ?

Plusieurs vers regroupés ensemble forment des strophes, qui sont séparées entre elles par un espace.
Chaque strophe est appelée de manière différente selon le nombre de vers qui la composent : le *quatrain* (4 vers), le *quintil* (5 vers), le *sizain* (6 vers), le *huitain* (8 vers). Le *tercet* (3 vers) et le *distique* (2 vers) constituent plutôt des groupes de vers que des strophes car les vers qui les composent ne permettent pas une véritable alternance des rimes. Certains poèmes présentent aussi un refrain, un vers ou un ensemble de vers qui est répété régulièrement dans le même poème.

Les strophes

La rime comporte la répétition du même son à la fin de deux ou plusieurs vers. On parle de *rime pauvre* si on répète un seul son (v<u>u</u>/s<u>u</u>), de *rime suffisante* si on répète deux sons (consonne + voyelle, s<u>our</u>d/am<u>our</u>), de *rime riche* si on répète trois sons (<u>mer</u>/a<u>mer</u>).
Les rimes se distinguent aussi par leur genre et leur disposition. On parle de *rime féminine* si le mot se termine par un « e » muet, de *rime masculine* dans tous les autres cas. Les rimes peuvent être *suivies* ou *plates* (aabb), *embrassées* (abba) ou *croisées* (abab).
Outre la rime, il existe d'autres effets sonores. On parle de *rime intérieure* si la rime a lieu entre des sons à l'intérieur du vers ; d'*allitération* si le son de certaines consonnes revient dans le même vers ; d'*assonance* si c'est le son d'une voyelle qui est répété dans un vers.

Les rimes

Illuminations de Rimbaud, par Fernand Léger.

2. Les formes poétiques

Il existe de nombreuses formes poétiques, qu'il est possible de reconnaître à partir de la répartition des vers et des strophes.
Voici les plus importantes.

Le sonnet

Le sonnet est d'origine italienne et a été introduit en France au XVIe siècle par les poètes de la Pléiade. Codifié ensuite par le poète Clément Marot, le sonnet a été la forme poétique la plus répandue. Parmi les exemples les plus significatifs, rappelons les poèmes de Ronsard et de Du Bellay, certains poèmes des *Fleurs du mal* de Baudelaire, des poèmes de Nerval (*El Desdichado*), de Mallarmé (*Le vierge, le vivace et le bel aujourd'hui*), Apollinaire, Rimbaud...
C'est un poème à forme fixe, composé de quatorze vers ayant un mètre identique (alexandrin, décasyllabe ou octosyllabe) ainsi répartis : deux quatrains et deux tercets.
Sa forme est rigide et le poète organise ses mots de façon logique et presque géométrique.
Les quatrains et les tercets culminent dans le dernier vers qui doit constituer une sorte de chute et créer une synthèse, un effet de surprise... Les rimes des deux quatrains sont identiques, embrassées dans la plupart des cas (**abba – abba**), tandis que dans les tercets il y a des rimes **ccd-cdc** et **ede-eed**.

Quand vous serez bien vieille...

Quand vous serez bien vieille, au soir, à la chandelle,
Assise auprès du feu, dévidant et filant,
Direz, chantant mes vers, en vous émerveillant :
Ronsard me célébrait du temps que j'étais belle !"

Lors, vous n'aurez servante oyant 1 telle nouvelle,
Déjà sous le labeur à demi sommeillant,
Qui au bruit de Ronsard ne s'aille réveillant,
Bénissant votre nom de 2 louange immortelle.

Je serai sous la terre, et, fantôme sans os,
Par les ombres myrteux 3 je prendrai mon repos :
Vous serez au foyer une vieille accroupie,

Regrettant mon amour et votre fier dédain.
Vivez, si m'en croyez, n'attendez à demain :
Cueillez dès aujourd'hui les roses de la vie.

RONSARD, *Sonnets pour Hélène*, II, XLIII

1. **oyant** : entendant.

2. **de louange** : dont la louange.

3. **par les ombres myrteux** : à l'ombre des myrtes.

Liée à la danse et au chant (rondeau signifie « danser en rond »), cette forme poétique remonte au Moyen-Âge et a été reprise ensuite par certains poètes (Marot, Banville, Mallarmé).

Composé d'une seule strophe avec un refrain au Moyen-Âge, il comprend plusieurs strophes à partir du XVIe siècle, toujours caractérisées par un refrain d'une strophe à l'autre.

Au bon vieux temps

Au bon vieux temps un train d'amour régnait
Qui sans grand art et dons se démenait
Si [1] qu'un baiser, donné d'amour profonde,
C'était donné [2] toute la terre ronde :
Car seulement au cœur on se prenait.
Et si, par cas, à jouir on venait,
Savez-vous bien comme on s'entretenait ?
Vingt ans, trente ans : cela durait un monde,
     Au bon vieux temps.
Or est perdu ce qu'amour ordonnoit :
Rien que pleurs feints, rien que changes on n'oit [3].
Qui voudra donc qu'à aimer je me fonde ?
Il faut premier [4] que l'amour on refonde
Et qu'on la [5] mène ainsi qu'on la menait
     Au bon vieux temps.

MAROT, *Rondeaux et Épigrammes*

1. **si** : si bien que.
2. **c'était donné** : comme si on avait donné.
3. **oit** : entend.
4. **premier** : d'abord.
5. **la** : amour est ici féminin.

Les Amoureux, *tapisserie du XVIe siècle.*

L'ode | L'ode est un long poème lyrique dont le poète se sert généralement pour célébrer de grands événements ou des héros.

C'est une forme poétique très ancienne, dérivant de deux types d'odes antiques : l'ode pindarique et l'ode anacréontique.

L'ode pindarique célébrait des dieux et des héros et avait une forme fixe : une strophe, une anti-strophe et une épode. La littérature française compte des exemples dérivés de ce type de forme poétique : l'*Ode pour la paix* de La Fontaine, *Cinq Grandes Odes* de Claudel.

L'ode anacréontique présente, au contraire, un long poème lyrique ; on peut y assimiler les odes de Ronsard ainsi que certaines odes de Victor Hugo ; ce dernier y mêle cependant des thèmes historiques ou mythiques tout en gardant un accent lyrique.

L'Amour piqué par une abeille

Le petit enfant Amour
Cueillait des fleurs à l'entour
D'une ruche, ou les avettes [1]
Font leurs petites logettes.

Comme il les allait cueillant
Une avette sommeillant
Dans le fond d'une fleurette
Lui piqua la main douillette.

Sitôt que piqué se vit
« Ah ! je suis perdu ! » ce dit,
Et, s'en courant vers sa mère
Lui montra sa plaie amère ;

« Ma mère, voyez ma main
Ce disait Amour, tout plein
De pleurs, voyez quelle enflure
M'a fait une égratignure ! »

Alors Vénus se sourit
Et en le baisant le prit,
Puis sa main lui a soufflée
Pour guérir sa plaie enflée.

Qui t'a, dis-moi, faux garçon
Blessé de telle façon ?
Sont-ce mes Grâces riantes,
De leurs aiguilles poignantes ?

— Nenni, c'est un serpenteau,
Qui vole au printemps nouveau
Avecques deux ailerettes
Çà et là sur les fleurettes.

— Ah ! vraiment je le connois
Dit Vénus ; les villageois
De la montagne d'Hymette [2]
Le surnomment Mélissette [3].

Si doncques un animal
Si petit fait tant de mal
Quand son alène époinçonne
La main de quelque personne,

Combien fais-tu de douleur
Au prix de lui, dans le cœur
De celui en qui tu jettes
Tes amoureuses sagettes [4] ?

RONSARD, *Odes*, IV, 16

1. **avettes** (f.) : abeilles.

2. **Hymette** : montagne de l'Attique dont le miel était réputé.

3. **mélissette** : en grec, melissa signifie abeille.

4. **sagettes** (f.) : flèches.

Terme dérivé du provençal « balar » (danser), la ballade est un poème lyrique qu'on chantait au Moyen-Âge avec l'accompagnement d'un instrument à cordes. Elle est composée de trois strophes, qui se terminent avec le même vers, dit le refrain, suivies d'un envoi ayant la longueur d'une demi-strophe. La forme du poème est rigoureuse : le nombre de vers correspond souvent au nombre de syllabes de chaque vers ; les rimes sont disposées de façon précise, le plus souvent abab – bcbc.

Après avoir connu son apogée aux XIVe et XVe siècles, (rappelons à ce propos les célèbres ballades de François Villon), la ballade est rejetée par la Pléiade au XVIe siècle avant d'être redécouverte au XIXe siècle par les Romantiques, qui la transforment librement selon l'influence anglo-saxonne.

Parmi les ballades du XIXe et XXe siècles, rappelons celles de Victor Hugo, *Odes et Ballades*, *La Chanson du mal-aimé* d'Apollinaire et les *Ballades Françaises* de Paul Fort.

Ballade des pendus

Frères humains qui après nous vivez,
N'ayez les cœurs contre nous endurcis,
Car, si pitié de nous pauvres avez,
Dieu en aura plus tôt de vous mercis
Vous nous voyez ci attachés cinq six
Quant de [1] la chair que trop avons nourrie,
Elle est piéça dévorée et pourrie,
Et nous, les os, devenons cendre et poudre.
De notre mal personne ne s'en rie
Mais priez Dieu que tous nous veuille absoudre ! [...]

1. **quant de** : quant à.

VILLON, *Ballade des pendus*

Gravure sur bois, 1490.

Le pantoum

Cette forme poétique, dont le nom désigne un chant malais, a été introduite en France au XIXe siècle par un orientaliste, Fouinet, et utilisée surtout par les Parnassiens, Leconte de Lisle et Banville. Reprise par Baudelaire et Hugo, elle présente parfois une construction un peu différente du schéma original.

Celui-ci prévoit quatre quatrains où les vers se succèdent de la façon suivante : les vers 2 et 4 du premier quatrain deviennent les vers 1 et 3 du deuxième quatrain et ainsi de suite jusqu'à ce que le dernier vers reprenne le premier.

Harmonie du soir

Voici venir les temps où vibrant sur sa tige
Chaque fleur s'évapore ainsi qu'un encensoir,
Les sons et les parfums tournent dans l'air du soir,
Valse mélancolique et langoureux vertige !

Chaque fleur s'évapore ainsi qu'un encensoir ;
Le violon frémit comme un cœur qu'on afflige ;
Valse mélancolique et langoureux vertige !
Le ciel est triste et beau comme un grand reposoir.

Le violon frémit comme un cœur qu'on afflige,
Un cœur tendre, qui hait le néant vaste et noir !
Le ciel est triste et beau comme un grand reposoir ;
Le soleil s'est noyé dans son sang qui se fige.

Un cœur tendre, qui hait le néant vaste et noir,
Du passé lumineux recueille tout vestige !
Le soleil s'est noyé dans son sang qui se fige...
Ton souvenir en moi luit comme un ostensoir !

BAUDELAIRE, *Les Fleurs du mal*

Les stances

D'après le sens du mot « stance » (= strophe), les stances sont un ensemble de strophes. Souvent utilisées au théâtre dans les pièces en vers, elles présentent souvent un discours à la deuxième personne, dans lequel le poète exprime ses pensées, ses méditations.

Stances de Clarice

[...]
Cher Philiste, à présent tes yeux
    Que j'entendais si bien sans les vouloir entendre,
Et tes propos mystérieux
Par leurs rusés détours n'ont plus rien à m'apprendre.
    Notre libre entretien
    Ne dissimule rien ;
    Et ces respects farouches
N'exerçant plus sur nous de secrètes rigueurs,
L'amour est maintenant le maître de nos bouches
Ainsi que de nos cœurs.
[...]

CORNEILLE, *La Veuve*, III, 8.

Ce genre existe depuis l'Antiquité, et les fables d'Ésope et Phèdre sont encore célèbres de nos jours. En France, la fable est liée surtout à l'œuvre de La Fontaine qui, au XVIIe siècle, sait utiliser ce genre pour faire une satire de la société de son temps.

Court récit en vers dont les personnages sont surtout des animaux, la fable amuse et fait réfléchir en même temps et comporte généralement une moralité ou une maxime.

Le corbeau et le renard

Maître Corbeau, sur un arbre perché,
Tenait en son bec un fromage.
Maître Renard, par l'odeur alléché,
Lui tint à peu près ce langage :
« Hé ! Bonjour, monsieur du Corbeau,
Que vous êtes joli ! que vous me semblez beau !
Sans mentir, si votre ramage
Se rapporte à votre plumage,
Vous êtes le phénix des hôtes de ces bois. »
À ces mots, le corbeau ne se sent pas de joie,
Et pour montrer sa belle voix,
Il ouvre un large bec, laisse tomber sa proie.
Le renard s'en saisit, et dit : « Mon bon monsieur,
Apprenez que tout flatteur
Vit aux dépens de celui qui l'écoute
Cette leçon vaut bien un fromage sans doute. »
Le corbeau, honteux et confus,
Jura, mais un peu tard, qu'on ne l'y prendrait plus.

LA FONTAINE, *Fables*, Livre premier, II.

Le renard et le corbeau dans un recueil de fables du XIVe siècle,
en latin et en français.

3. Les nouvelles formes de poésie

La poésie moderne comprend une série de nouvelles formes stylistiques qui refusent les contraintes et les règles de versification de la poésie traditionnelle.
Déjà à partir du XIXe siècle, les poètes cherchent plus de liberté stylistique pour mieux s'exprimer : Victor Hugo insiste sur l'importance de la liberté stylistique pour le poète ; Verlaine souligne la nécessité d'une poésie musicale qui refuse les contraintes de la rime ; Baudelaire et Rimbaud trouvent à travers leurs poèmes en prose de nouvelles façons d'écrire des poèmes.
Au début du XXe siècle, c'est Apollinaire qui, sous l'influence des avant-gardes artistiques du début du siècle, renouvelle la poésie avec la mise en image de ses poèmes dans des calligrammes, mot qui dérive du grec « callos » (beau) et « gramma » (lettre).

En haut à gauche :
La Dive Bouteille *de François Rabelais,
édition de 1605 du 5e Livre.*

En haut à droite :
Luth, *Robert Angot de l'Éperonnière, 1634.*

Ci-contre :
calligramme de Guillaume Apollinaire.

Texte 1

Les chats

Les amoureux fervents et les savants austères
Aiment également, dans leur mûre saison,
Les chats puissants et doux, orgueil de la maison,
Qui comme eux sont frileux et comme eux sédentaires.

Amis de la science et de la volupté,
Ils cherchent le silence et l'horreur des ténèbres ;
L'Érèbe les eût pris pour ses coursiers funèbres,
S'ils pouvaient au servage incliner leur fierté.

Ils prennent en songeant les nobles attitudes
Des grands sphinx allongés au fond des solitudes,
Qui semblent s'endormir dans un rêve sans fin ;

Leurs reins féconds sont pleins d'étincelles magiques,
Et des parcelles d'or, ainsi qu'un sable fin,
Étoilent vaguement leurs prunelles mystiques.

BAUDELAIRE, *Les Fleurs du mal*

Lisez le poème et dites :
– de quelle forme poétique il s'agit ;
– comment s'appellent les strophes qui composent cette forme ;
– comment sont disposées les rimes ;
– s'il y a des rimes masculines et des rimes féminines.

Le Chat blanc *par Pierre Bonnard, 1894.*

Texte 2

L'hiver et l'été

Hiver, vous n'êtes qu'un vilain,
Été est plaisant et gentil,
En témoin de Mai et d'Avril
Qui l'accompagnent soir et main [1].

Été revêt champs, bois et fleurs,
De sa livrée de verdure
Et de maintes [2] autres couleurs,
Par l'ordonnance de Nature.

Mais vous, Hiver, trop êtes plein
De neige, vent, pluie et grésil ;
On vous dût bannir en exil.
Sans vous flatter, je parle plain [3],
Hiver, vous n'êtes qu'un vilain.

CHARLES D'ORLÉANS, *Rondeaux et Chansons*

1. **main** : matin.
2. **maintes** : beaucoup de.
3. **plain** : franchement.

Texte 3

Le verre d'eau

IL ME SEMBLE QUE C'EST CLAIR,
TRANSPARENT, LIMPIDE ?

CONTENANT COMME CONTENU ?

L'ALLÉGORIE ICI HABITE
UN PALAIS DIAPHANE !

ÇA VA ? VI, VA, VU ?

C'EST LU ? LI, LA LU ?

C'EST BI ?

C'EST BA ?

C'EST BU ?

(FIN)

PONGE, *Le Verre d'eau*, 1948

Texte 4

Le serpent et la lime

On conte qu'un serpent, voisin d'un horloger
(c'était pour l'horloger un mauvais voisinage),
Entra dans sa boutique, et, cherchant à manger,
N'y rencontra pour tout potage
Qu'une lime d'acier, qu'il se mit à ronger.
Cette lime lui dit, sans se mettre en colère :
« Pauvre ignorant ! et que prétends-tu faire ?

Tu te prends à plus dur que toi.
Petit serpent à tête folle,
Plutôt que d'emporter de moi
Seulement le quart d'une obole,
Tu te romprais toutes les dents.
Je ne crains que celles du temps. »

Ceci s'adresse à vous, esprits du dernier ordre,
Qui, n'étant bon à rien, cherchez sur tout à mordre.
Vous vous tourmentez vainement.
Croyez-vous que vos dents impriment leurs outrages
Sur tant de beaux ouvrages ?
Ils sont pour vous d'airain, d'acier, de diamant.

LA FONTAINE, *Fables*, Livre V, XVI

Texte 5

L'étranger

Qui aimes-tu le mieux, homme énigmatique, dis ? ton père, ta
mère, ta sœur ou ton frère ?
Je n'ai ni père, ni mère, ni sœur, ni frère.
Tes amis ?
Vous vous servez là d'une parole dont le sens m'est resté
jusqu'à ce jour inconnu.
Ta patrie ?
J'ignore sous quelle latitude elle est située.
La beauté ?
Je l'aimerais volontiers, déesse immortelle.
L'or ?
Je le hais comme vous haïssez Dieu.
Eh ! qu'aimes-tu donc, extraordinaire étranger ?
J'aime les nuages... les nuages qui passent... là-bas ... les
merveilleux nuages.

BAUDELAIRE, *Le Spleen de Paris*

Examinez ces poèmes (textes 2, 3, 4, 5) et dites, pour chacun d'eux, à quelle forme poétique il appartient.

Texte 6

L'homme et la mer

Homme libre, toujours tu chériras la mer !
La mer est ton miroir ; tu contemples ton ....
Dans le déroulement infini de sa lame,
Et ton esprit n'est pas un gouffre moins ....

Tu te plais à plonger au sein de ton .... ;
Tu l'embrasses des yeux et des bras, et ton cœur
Se distrait quelquefois de sa propre ....
Au bruit de cette plainte indomptable et sauvage.

Vous êtes tous les deux ténébreux et discrets :
Homme, nul n'a sondé le fond de tes abîmes ;
Ô mer, nul ne connaît tes richesses ....,
Tant vous êtes jaloux de garder vos .... !

Et cependant voilà des siècles innombrables
Que vous vous combattez sans pitié ni ....,
Tellement vous aimez le carnage et la mort,
Ô lutteurs éternels, ô frères .... !

BAUDELAIRE, *Les Fleurs du mal*

Dans ce poème, certains mots situés en fin de vers ont été enlevés. Retrouvez-les et remettez-les à leur juste place en tenant compte des rimes, qui sont croisées.

| remord | implacables | intimes | rumeur | amer | image | âme | secrets |

Texte 7

Le vierge, le vivace et le bel aujourd'hui va-t-il nous déchirer avec un coup d'aile ivre ce lac dur oublié que hante sous le givre le transparent glacier des vols qui n'ont pas fui ! Un cygne d'autrefois se souvient que c'est lui magnifique mais qui sans espoir se délivre pour n'avoir pas chanté la région où vivre quand du stérile hiver a resplendi l'ennui. Tout son col secouera cette blanche agonie par l'espace infligée à l'oiseau qui le nie, mais non l'horreur du sol où le plumage est pris. Fantôme qu'à ce lieu son pur éclat assigne, il s'immobilise au songe froid de mépris que vêt parmi l'exil inutile le Cygne.

MALLARMÉ, *Le Cygne*

Ce texte est en réalité un sonnet. Réécrivez-le en rétablissant la disposition en vers. Sachez que la disposition des rimes est la suivante : abba/abba/ccd/ede. N'oubliez pas de mettre en majuscule la lettre au début de chaque vers.

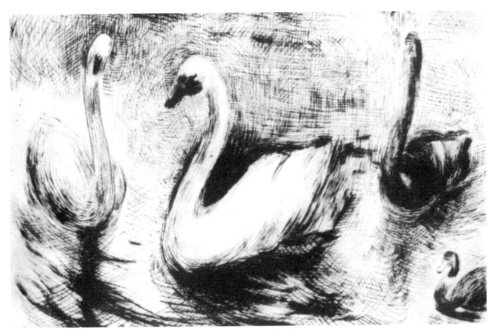

Illustration de Berthe Morisot pour Le Cygne *de Mallarmé.*

Texte 8

Voici des fruits, des fleurs, des feuilles et des branches,
Et puis voici mon cœur, qui ne bat que pour vous.
Ne le déchirez pas avec vos deux mains blanches
Et qu'à vos yeux si beaux l'humble présent soit doux.

J'arrive tout couvert encore de rosée
Que le vent du matin vient glacer à mon front.
Souffrez que ma fatigue, à vos pieds reposée,
Rêve des chers instants qui la délasseront.

Sur votre jeune sein laissez rouler ma tête
Toute sonore encor de vos derniers baisers ;
Laissez-la s'apaiser de la bonne tempête,
Et que je dorme un peu puisque vous reposez.

VERLAINE, *Romances sans paroles*

1. Lisez ce poème, mis en musique par Gabriel Fauré et Claude Debussy et soulignez dans le texte :
– les assonances, les allitérations et les rimes intérieures ;
– les rimes masculines et les rimes féminines.
2. Quel est l'effet produit par ce jeu de sonorités ?
3. Quelle disposition de la rime l'auteur a-t-il choisie à la fin des vers ?

Texte 9

Nuit de juin ! Dix-sept ans ! – on se laisse griser.
La sève est du champagne et vous monte à la tête...
On divague ; on se sent aux lèvres un baiser
Qui palpite là, comme une petite bête...

RIMBAUD, *Poésies*

Texte 10

Un pauvre homme passait dans le givre et le vent.
Je cognai sur ma vitre ; il s'arrêta devant
Ma porte, que j'ouvris d'une façon civile.
Les ânes revenaient du marché de la ville,
Portant les paysans accroupis sur leurs bâts.
C'était le vieux qui vit dans une niche au bas
De la montée, et rêve, attendant, solitaire,
Un rayon du ciel triste, un liard de la terre,
Tendant les mains pour l'homme et les joignant pour Dieu.

HUGO, *Le mendiant*

Texte 11

Et Thomas de Quincey buvant
L'opium poison doux et chaste
À sa pauvre Anne allait rêvant
Passons passons puisque tout passe
Je me retournerai souvent

Les souvenirs sont cors de chasse
Dont meurt le bruit parmi le vent

APOLLINAIRE, *Cors de chasse*

Repérez dans les trois strophes précédentes les enjambements et les rejets.

Le théâtre

1. Quand la littérature se fait spectacle

Un texte théâtral est facile à identifier du point de vue graphique car chaque réplique est précédée du nom du personnage qui la prononce. Mais ce qui caractérise ce type de genre littéraire, c'est qu'il n'est pas destiné à être lu ; en effet, d'après son sens étymologique (theatron = ce que l'on voit), il doit être mis en scène et joué par des acteurs devant un public. Qu'elle soit en vers, selon la tradition classique, ou en prose, l'œuvre théâtrale sollicite les émotions du spectateur et, tout en le divertissant, le fait réfléchir et l'instruit.

Selon Aristote, le spectateur qui s'identifie dans un personnage peut prendre conscience de soi-même à travers une catharsis, une purification, d'où la fonction très importante du théâtre sur son public. Plus récemment, le dramaturge allemand contemporain Bertolt Brecht a soutenu, au contraire, la nécessité qu'il y ait une distance entre les personnages et le spectateur, afin que ce dernier ne se fasse pas influencer par l'illusion théâtrale et soit poussé à l'action.

Le théâtre est un art en pleine évolution, encore très populaire de nos jours malgré la concurrence du cinéma et de la télévision.

Les plus grandes villes proposent des saisons théâtrales avec de nombreux spectacles. Il y a en outre des festivals de théâtre qui réunissent des compagnies théâtrales provenant de chaque coin de la planète. Parmi les festivals français les plus connus, il faut citer le Festival d'Avignon qui, depuis sa création en 1947, propose chaque année au mois de juillet des dizaines de spectacles.

Affiche pour le festival du théâtre en Avignon.

2. Des règles classiques au nouveau théâtre

Le théâtre français se développe au Moyen-Âge à partir de pièces religieuses appelées « mystères » qui sont jouées sur le parvis des églises ou sur les places publiques. Ensuite, de brèves pièces comiques, appelées « farces », alternent avec ces pièces sacrées et se distinguent du théâtre proprement religieux.

L'âge d'or du théâtre français est le XVIIe siècle, quand cette forme de spectacle est soutenue par le roi, en particulier Louis XIV. Ayant aussi la fonction d'illustrer le prestige royal, les pièces de théâtre sont jouées à la cour et se transforment quelquefois en une véritable affaire d'État. Corneille et Racine créent des tragédies superbes, tandis que Molière fait de la comédie un art véritable.

Au XVIIIe siècle le théâtre bourgeois refuse les héros de la tragédie classique et préfère exploiter des thèmes liés à la réalité du temps. Parmi les auteurs les plus célèbres, rappelons Beaumarchais et Marivaux. Ensuite, les Romantiques contestent au XIXe siècle les règles classiques et essaient de renouveler profondément le théâtre. Au XXe siècle, le théâtre change encore plus radicalement et connaît des expressions nouvelles. Dans le théâtre de l'absurde, par exemple, non seulement il n'existe plus de règles, mais il n'y a plus d'intrigue au sens propre du terme et les personnages sont sans épaisseur psychologique évidente.

3. Les règles classiques

La règle des trois unités, dérivée des règles d'Aristote et codifiée en France au XVIIe siècle, s'appuie sur le principe que la réalité représentée doit imiter l'action réelle.

L'**unité de temps** veut que le temps de l'action théâtrale ne dépasse pas une journée ; l'**unité de lieu** prévoit que le lieu où la scène se déroule soit toujours le même ; selon l'**unité d'action**, la pièce doit comprendre une seule action.

La pièce doit répondre, en outre, à des exigences de **vraisemblance**, et donc ne pas montrer d'événements irréels ou fantastiques, et de **bienséance**, sans scènes violentes ou indécentes. Tous les combats, les assassinats... doivent avoir lieu hors de la scène et être simplement relatés par des personnages.

4. Les genres théâtraux

La tragédie

C'est un genre théâtral très ancien. La tradition veut qu'il ait été inventé par le poète grec Thespis, le premier à faire jouer ses poèmes par des personnages masqués.

La tragédie est l'imitation – *mimesis* – d'un événement faite par des personnages en action. Les personnages sont légendaires ou réels et la scène se passe dans l'Antiquité grecque ou romaine ou bien à l'époque biblique. L'action, qui prévoit toujours un conflit entre l'homme et les forces qui le dépassent, doit permettre au spectateur de s'identifier et de se purifier de ses passions à travers la *catharsis*. Les œuvres de Corneille et Racine, écrites en alexandrins, sont les exemples les plus célèbres de la tragédie classique française.

La comédie est un genre qui remonte à l'Antiquité et comprend des pièces variées. Elle produit un effet comique et met en scène des situations et des personnages de la vie ordinaire, qui appartiennent généralement à la même époque que celle de l'auteur. Les personnages ne sont pas des héros illustres, mais des bourgeois ou des personnes de condition sociale modeste. Contrairement au dénouement de la tragédie, la comédie finit bien, grâce souvent à un coup de théâtre ou un *deus ex machina in extremis* (page 103).
L'exemple le plus illustre de la comédie française est l'œuvre de Molière qui, au XVIIe siècle, transforme ce genre en lui donnant une dignité semblable à celle de la tragédie.

La comédie

Le vaudeville représente une forme particulière de comédie qui connaît beaucoup de succès surtout entre le XIXe et le XXe siècle.
Ce type de représentation signifie, selon son étymologie, « voix de ville » et désigne des types de pièces différents au fil des siècles. Au Moyen-Âge, le vaudeville indique une chanson de rue dont le thème est satirique ; au XVIIe siècle, le vaudeville devient une pièce où des chansons et des ballets se mêlent à l'action. Au XIXe siècle, enfin, ce genre met en scène une intrigue amoureuse pleine de quiproquos et de rebondissements. Ses personnages sont souvent des types figés (le mari cocu, la femme ou le mari infidèle, l'amant, la maîtresse, l'ingénu ...) appartenant à la bourgeoisie.
Parmi les auteurs de vaudeville les plus célèbres, rappelons Labiche et Feydeau.

Le vaudeville

Le mot drame signifie étymologiquement « action » en grec. C'est un genre qui, sous la forme de drame bourgeois, naît au XVIIIe siècle, quand on ressent la nécessité d'une représentation théâtrale qui mette en scène des situations sociales plutôt que des personnages. Parmi les exemples de ce genre, dont les personnages sont des bourgeois, rappelons *Le Père de Famille* de Diderot et *Les Deux amis* de Beaumarchais. Ensuite, au XIXe siècle, le drame est repris par les romantiques, qui s'en servent pour représenter la lutte entre le bien et le mal.
Le drame romantique mélange les genres, le tragique avec le comique, pour que la représentation soit le plus possible fidèle à la réalité. Ses personnages sont des nobles ou des personnages historiques et la scène se passe à l'époque moderne, à partir de la Renaissance environ.

Le drame

Le théâtre du XXe siècle présente différents genres ; il y a le théâtre de boulevard, qui continue la tradition du vaudeville, le théâtre engagé de Sartre et Giraudoux et de nouvelles formes de comédie non codifiée. Mais la vraie nouveauté du théâtre moderne est représentée par le théâtre de l'absurde, qui révolutionne la façon de concevoir l'intrigue et les personnages. Parmi les exemples les plus célèbres, rappelons les pièces de Ionesco (*La cantatrice chauve*, *Rhinocéros*) et celles de Beckett (*En attendant Godot*, *Fin de partie*).

Le théâtre du XXe siècle

5. La composition d'une pièce théâtrale

Qu'il soit écrit en vers ou en prose, le texte d'une pièce de théâtre se compose généralement d'un *dialogue* entre les différents personnages et de *didascalies*, sorte de discours accompagnateur qui renseigne à la fois sur ce qui n'est pas dit sur la scène et sur la mise en scène elle-même.

Voici le début du texte de la pièce *La Leçon* de Ionesco :

PERSONNAGES

LE PROFESSEUR, 50 à 60 ans   *Marcel Cuvelier.*
LA JEUNE ÉLÈVE, 18 ans   *Rosette Zuchelli.*
LA BONNE, 45 à 50 ans   *Claude Mansard.*

La Leçon a été représentée pour la première fois au Théâtre de Poche le 20 février 1951.
La mise en scène était de Marcel Cuvelier.

DÉCOR

Le cabinet de travail du vieux professeur.

À gauche de la scène, une porte donnant dans les escaliers de l'immeuble ; au fond, à droite de la scène, une autre porte menant à un couloir de l'appartement.

Au fond, un peu sur la gauche, une fenêtre, pas très grande, avec des rideaux simples ; sur le bord extérieur de la fenêtre, des pots de fleurs banales.

On doit apercevoir, dans le lointain, des maisons basses, aux toits rouges : la petite ville. Le ciel est bleu gris. Sur la droite, un buffet rustique. La table sert aussi de bureau : elle se trouve au milieu de la pièce. Trois chaises autour de la table, deux autres des deux côtés de la fenêtre, tapisserie claire, quelques rayons avec des livres.

Au lever du rideau, la scène est vide, elle le restera assez longtemps. Puis on entend la sonnette de la porte d'entrée. On entend la :

VOIX DE LA BONNE, *en coulisse.*
Oui. Tout de suite.

précédant la bonne elle-même, qui, après avoir descendu, en courant, des marches, apparaît. Elle est forte ; elle a de 45 à 50 ans, rougeaude, coiffe paysanne.

LA BONNE *entre en coup de vent, fait claquer derrière elle la porte de droite, s'essuie les mains sur son tablier, tout en courant vers la porte de gauche, cependant qu'on entend un deuxième coup de sonnette.*
Patience. J'arrive. (*Elle ouvre la porte, apparaît la jeune élève, âgée de 18 ans. Tablier gris, petit col blanc, serviette sous le bras.*) Bonjour, Mademoiselle.

L'ÉLÈVE
Bonjour, Madame. Le Professeur est à la maison ?

LA BONNE
C'est pour la leçon ?

L'ÉLÈVE
Oui, Madame.

LA BONNE
Il vous attend. Asseyez-vous un instant, je vais le prévenir.

L'ÉLÈVE
Merci, Madame.

Comme vous pouvez le constater, les didascalies renseignent sur le nom des personnages, sur le décor, sur le découpage de la pièce en actes, scènes, tableaux... L'auteur s'en sert également pour donner des renseignements sur les bruits, les lumières, les vêtements, les gestes des personnages...

La fonction de la didascalie

Au théâtre, toute l'action se passe directement sur la scène.
Contrairement à ce qui arrive dans un roman, le narrateur ne peut pas intervenir pour raconter au public ce qui se passe, tout est communiqué par le biais des répliques des personnages. Il est évident, donc, que ce dialogue prenne plusieurs formes pour mieux communiquer avec le public :

Les formes du dialogue

- le *dialogue* proprement dit a lieu entre deux ou plusieurs personnages et se compose de répliques ;
- le *monologue* est représenté par le discours à haute voix d'un personnage, qui pourtant ne s'adresse pas au public, mais à soi-même ou à un interlocuteur absent. Passage très important dans le théâtre classique, le monologue représente une pause dans l'action, un moment de répit ;
- la *tirade* est un long discours placé à l'intérieur d'une réplique. Même si elle semble être adressée à un interlocuteur, la tirade est en réalité un propos destiné au public ;
- l'*aparté* est une forme particulière de monologue dans laquelle un personnage s'adresse au public en créant une sorte de complicité avec les spectateurs. En effet, si un ou plusieurs autres personnages sont sur la scène au moment de l'aparté, ils sont supposés ne pas entendre ce qui est dit.

Les pièces sont divisées en actes, en scènes ou en tableaux pour des exigences scéniques et pour respecter une certaine progression dans l'action.
Le nombre des actes qui composent une pièce est variable ; il peut y avoir de cinq à trois actes dans une tragédie classique ou une comédie. Chaque acte est organisé autour d'un événement significatif et se compose de plusieurs scènes.
Dans le théâtre moderne, certaines pièces ne sont pas divisées en actes, mais en tableaux, parties de la pièce qui n'ont entre elles ni un lien ni une continuité logique.

Les parties de la pièce

La plupart des pièces théâtrales suivent un schéma narratif où les événements progressent selon un ordre établi. La situation initiale est présentée dans la première scène dite *scène d'exposition*. Cette partie de la pièce est très importante car elle expose le moment et le lieu de l'action et donne des renseignements sur certains personnages. Ensuite, on arrive progressivement au *nœud de l'action*, c'est-à-dire le moment central de l'action, qui exprime un conflit (trahison, amour impossible...), entre les aspirations du personnage principal et les obstacles qui empêchent la réalisation de ces désirs.
À travers un certain nombre de péripéties et de vicissitudes, la pièce se termine par un *dénouement*, souvent annoncé par une des situations suivantes : le *deus ex machina*, c'est-à-dire une intervention divine ou surnaturelle ; le *coup de théâtre*, représenté par un événement inattendu qui porte à la solution du conflit ; le *quiproquo*, dans lequel une personne ou une chose est prise pour une autre ; le *malentendu*, qui dérive d'une ambiguïté dans le discours d'un personnage,

L'action

ambiguïté qui fait que l'interlocuteur se trompe sur le sens du propos qu'il entend.

Il existe quatre types principaux de dénouement : le *dénouement-résolution*, que l'on trouve dans les comédies, où il y a une la solution du conflit et une réconciliation générale entre les personnages ; le *dénouement-recommencement*, quand l'action revient au point de départ et le spectateur comprend que l'histoire va se répéter ; le *dénouement-ouverture*, quand des indices font comprendre que l'histoire aura une suite et que de nouvelles aventures attendent un ou plusieurs personnages ; le *dénouement dramatique*, typique dans les tragédies et les drames, quand la fin de la pièce ne laisse pas d'espoir.

Les personnages

Au théâtre les personnages sont présentés principalement à travers le dialogue, grâce à ce qu'ils disent et aussi à ce que les personnages disent les uns à propos des autres. En outre, il faut tenir compte aussi de nombreux signes non-verbaux, tels que les gestes, les mimiques, les costumes...

Dans les pièces classiques, les personnages étaient très importants, et beaucoup d'œuvres théâtrales ont le nom d'un personnage pour titre (*Phèdre*, *Polyeucte*).

Les personnages représentent des types humains différents. Il y a des personnages universels, qui symbolisent des vices ou des vertus humains (l'avarice pour Harpagon, la séduction pour Dom Juan, l'honneur pour le Cid...), ainsi que des figures plus floues et nuancées, que l'on trouve surtout dans le théâtre de l'absurde. Il ne faut pas oublier, non plus, qu'un personnage est aussi déterminé par l'importance de l'acteur qui joue son rôle et par la vision que le metteur en scène a de ce rôle.

La mise en scène et l'espace théâtral

La mise en scène d'une pièce de théâtre est un travail d'équipe auquel participent beaucoup de personnes que l'on ne voit pas sur la scène : le metteur en scène, l'auteur (s'il est vivant, il est quelquefois appelé en cause par le metteur en scène), les costumiers, les décorateurs, les éclairagistes, les machinistes, les compositeurs si la pièce comprend de la musique aussi.

L'espace théâtral est très important, car c'est là que se déroule l'action. Il peut être traditionnel, avec la scène placée en face du public, ou bien organisé autour d'une scène centrale – comme au cirque – ou encore divisé en plusieurs scènes indépendantes.

Quand la scène se déroule sur le même plateau, l'exiguïté de celui-ci oblige quelquefois à des astuces pour donner une impression d'espace. Le balcon, par exemple, est une solution adoptée par beaucoup d'auteurs : qui ne connaît le balcon de Roméo et Juliette ou celui de Cyrano ?

Malgré les astuces de la mise en scène, il faut dire que le théâtre est un lieu où le public accepte par convention que l'action représentée soit une illusion qui simplifie et grossit la réalité en même temps.

Le décor contribue aussi à cette illusion théâtrale et peut être réaliste – quand il essaie de reproduire la réalité (une pièce, par exemple) – ou symbolique, s'il crée un espace imaginaire.

De même, les objets sur la scène peuvent avoir soit une fonction accessoire – par exemple pour situer une époque, un lieu précis – soit une fonction symbolique, pour rappeler un thème dominant de la pièce.

ACTE PREMIER

SCÈNE PREMIÈRE
PHILINTE, ALCESTE

PHILINTE
Qu'est-ce que donc ? Qu'avez-vous ?

ALCESTE
Laissez-moi, je vous prie.

PHILINTE
Mais encore, dites-moi, quelle bizarrerie...

ALCESTE
Laissez-moi là, vous dis-je, et courez vous cacher.

PHILINTE
Mais on entend les gens, au moins, sans se fâcher.

ALCESTE
Moi, je veux me fâcher, et ne veux point entendre.

PHILINTE
Dans vos brusques chagrins je ne puis vous comprendre,
Et quoique amis enfin, je suis tout des premiers...

ALCESTE, *se levant brusquement*
Moi, votre ami ? Rayez[1] cela de vos papiers.
J'ai fait jusques ici profession de l'être ;
Mais après ce qu'en vous je viens de voir paraître,
Je vous déclare net que je ne le suis plus,
Et ne veux nulle place en des cœurs corrompus.

PHILINTE
Je suis donc bien coupable, Alceste, à votre compte ?

ALCESTE
Allez, vous devriez mourir de pure honte ;
Une telle action ne saurait s'excuser,
Et tout homme d'honneur s'en doit scandaliser.
Je vous vois accabler un homme de caresses,
Et témoigner pour lui les dernières tendresses ;
De protestations, d'offres et de serments
Vous chargez la fureur de ces embrassements ;
Et quand je vous demande après quel est cet homme,
À peine pouvez-vous dire comme il se nomme.

1. **rayer** : supprimer.

MOLIÈRE, *Le Misanthrope*

105

Lisez le texte et répondez aux questions suivantes :

1. Comment appelle-t-on la première scène d'une pièce de théâtre ?

2. Qui sont les personnages qui parlent et quels sont les liens qui les unissent ? Est-ce qu'ils se connaissent depuis longtemps ? De quoi parlent-ils ? Est-ce que Molière nous présente entièrement leur discours ou, lorsque la scène commence, leur discussion est déjà entamée ?

3. Est-ce que Philinte comprend ce qui se passe ? Et nous, est-ce que nous le comprenons ?

4. Quelle est la cause de la colère d'Alceste ? Soulignez la phrase qui vous l'indique. Dites ensuite pourquoi cette révélation produit un effet comique.

5. Lequel des deux personnages utilise un langage autoritaire, avec beaucoup d'impératifs ? Lequel met en avant sa personne et méprise la volonté d'autrui ? Lequel affiche une politesse qui finit par paraître un peu exagérée ? Relevez dans le texte les indices de ces attitudes.

6. Pouvons-nous deviner qui est le misanthrope ? Pourquoi ?

Texte 2

SCÈNE I

Intérieur bourgeois anglais, avec des fauteuils anglais. Soirée anglaise. M. Smith, Anglais, dans son fauteuil et ses pantoufles anglais, fume sa pipe anglaise et lit un journal anglais, près d'un feu anglais. Il a des lunettes anglaises, une petite moustache grise, anglaise. À côté de lui, dans un autre fauteuil anglais, Mme Smith, Anglaise, raccommode des chaussettes anglaises. Un long moment de silence anglais. La pendule anglaise frappe dix-sept coups anglais.

Affiche pour La Cantatrice Chauve
au théâtre de la Huchette.

Lisez la présentation du décor au début de la pièce *La cantatrice chauve* et repérez les informations suivantes :

Objets : ....
....

Éclairage : ....
....

Bruitage : ....
....

Gestes des personnages
M. Smith : ....
Mme Smith : ....

Aspect/Vêtements : ....
....

Texte 3

ACTE PREMIER

Route à la campagne, avec arbre. Soir. Estragon, assis sur une pierre, essaie d'enlever sa chaussure. Il s'y acharne des deux mains, en ahanant. Il s'arrête à bout de forces, se repose en haletant, recommence. Même jeu.

ACTE DEUXIÈME

Lendemain. Même heure. Même endroit. Chaussures d'Estragon près de la rampe, talons joints, bouts écartés. Chapeau de Lucky à la même place. L'arbre porte quelques feuilles. Entre Vladimir, vivement. Il s'arrête et regarde longuement l'arbre.

BECKETT, *En attendant Godot*

Voici les descriptions du décor qui précèdent les deux actes de la pièce *En attendant Godot*. Lisez-les et dites comment l'auteur parvient à indiquer sur la scène le temps qui passe.

Texte 4

PAULINE

Je vous l'ai fait trop voir, Seigneur ; et si mon âme
Pouvait bien étouffer les restes de sa flamme,
Dieux, que j'éviterais de rigoureux tourments !
Ma raison, il est vrai, dompte mes sentiments ;
Mais quelque autorité que sur eux elle ait prise,
Elle n'y règne pas, elle les tyrannise ;
Et quoique le dehors soit sans émotion,
Le dedans n'est que trouble et que sédition.
Un je ne sais quel charme encor vers vous m'emporte ;
Votre mérite est grand, si ma raison est forte :
Je le vois encore tel qu'il alluma mes feux
D'autant plus puissamment solliciter mes vœux
Qu'il est environné de puissance et de gloire,
Qu'en tous lieux après vous il traîne la victoire,
Que j'en sais mieux le prix, et qu'il n'a point déçu
Le généreux espoir que j'en avais conçu.
Mais de ce même devoir qui le vainquit dans Rome,
Et qui me range ici dessous les lois d'un homme,
Repousse encor si bien l'effort de tant d'appas
Qu'il déchire mon âme et ne l'ébranle pas.
C'est cette vertu même, à nos désirs cruelle,
Que vous louiez alors en blasphémant contre elle :
Plaignez-vous en encor ; mais louez sans rigueur,
Qui triomphe à la fois de vous et de mon cœur ;
Et voyez qu'un devoir moins ferme et moins sincère
N'aurait pas mérité l'amour du grand Sévère.

CORNEILLE, *Polyeucte*, II, 2

Texte 5

ACTE III

Un salon chez Perrichon, à Paris. – Cheminée au fond ; porte d'entrée dans l'angle à gauche ; appartement dans l'angle à droite ; salle à manger à gauche ; au milieu, guéridon avec tapis ; canapé à droite du guéridon.

SCÈNE PREMIÈRE

JEAN, *seul, achevant d'essuyer un fauteuil.*

Midi moins un quart... C'est aujourd'hui que Monsieur Perrichon revient de voyage avec Madame et Mademoiselle... J'ai reçu hier une lettre de Monsieur... la voilà. *(Lisant)* « Grenoble, 5 juillet. Nous arriverons mercredi 7 juillet, à midi. Jean nettoiera l'appartement et fera poser les rideaux. » *(Parlé)* C'est fait. *(Lisant)* « Il dira à Marguerite, la cuisinière, de nous préparer le dîner. Elle mettra le potau-feu... un morceau pas trop gras... de plus, comme il y a longtemps que nous n'avons mangé de poisson de mer, elle nous achètera une petite barbue bien fraîche... Si la barbue était trop chère, elle la remplacerait par un morceau de veau à la casserole. » (*Parlé*) Monsieur peut arriver... tout est prêt... Voilà ses journaux, ses lettres, ses cartes de visite... Ah ! par exemple, il est venu ce matin de bonne heure un monsieur que je ne connais pas... Il m'a dit qu'il s'appelait le Commandant... Il doit repasser. (*Coup de sonnette à la porte extérieure.*) On sonne !... C'est Monsieur... je reconnais sa main !...

E. LABICHE, *Le Voyage de Monsieur Perrichon*

Texte 6

ACTE I

SCÈNE PREMIÈRE
ARMANDE, HENRIETTE

ARMANDE
Quoi ? le beau nom de fille est un titre, ma sœur,
Dont vous voulez quitter la charmante douceur,
Et de vous marier vous osez faire la fête ?
Ce vulgaire dessein vous peut monter en tête ?

HENRIETTE
Oui, ma sœur.

ARMANDE
Ah ! ce « oui » se peut-il supporter,
Et sans un mal de cœur saurait-on l'écouter ?

HENRIETTE
Qu'a donc le mariage en soi qui vous oblige,
Ma sœur... ?

ARMANDE
Ah, mon Dieu, fi !

HENRIETTE
Comment ?

ARMANDE
Ah, fi ! vous dis-je.
Ne concevez-vous point ce que, dès qu'on l'entend,
Un tel mot à l'esprit offre de dégoûtant,
De quelle étrange image on est par lui blessée,
Sur quelle sale vue il traîne la pensée ?
N'en frissonnez-vous point ? Et pouvez-vous, ma sœur,
Aux suites de ce mot résoudre votre cœur ?

MOLIÈRE, *Les femmes savantes*, I, 1

Texte 7

DORANTE

Ah, ma chère Lisette, que je souffre !

SILVIA

Venons à ce que tu voulais me dire : tu te plaignais de moi, quand tu es entré ; de quoi était-il question ?

DORANTE

De rien, d'une bagatelle ; j'avais envie de te voir, et je crois que je n'ai pris qu'un prétexte.

SILVIA, *à part*

Que dire à cela ? Quand je m'en fâcherais, il n'en serait ni plus ni moins.

MARIVAUX, *Le jeu de l'Amour et du Hasard*, II, 9

Lisez les textes 4, 5, 6, 7 et précisez, pour chacun d'eux :

- s'il est en vers ou en prose ;
- quelle est la forme de dialogue utilisée (c'est-à-dire s'il s'agit d'un dialogue, d'un monologue, d'une tirade ou d'un aparté) ;
- quel est le type de vers utilisé ;
- quel est le genre théâtral.

Gianetta Benozzi, de la troupe des acteurs italiens, actrice préferée de Marivaux.

Les paroles cessent brusquement. De nouveau, lumière. M. et Mme Martin sont assis comme les Smith au début de la pièce. La pièce recommence avec les Martin, qui disent exactement les répliques des Smith dans la première scène, tandis que le rideau se ferme doucement.

RIDEAU

IONESCO, *La Cantatrice chauve*

PANOPE
Elle expire, Seigneur !

THÉSÉE
D'une action si noire
Que ne peut avec elle expirer la mémoire !
Allons, de mon erreur, hélas ! trop éclaircis,
Mêler nos pleurs au sang de mon malheureux fils.
Allons de ce cher fils embrasser ce qui reste,
Expier la fureur d'un vœu que je déteste.
Rendons-lui les honneurs qu'il a trop mérités ;
Et pour mieux apaiser ses mânes irrités,
Que malgré les complots d'une injuste famille,
Son amante aujourd'hui me tienne lieu de fille.

RACINE, *Phèdre*

La mort d'Hippolyte.

Texte 10

CHRISALE

Je le savais bien, moi, que vous l'épouseriez.

ARMANDE

Ainsi donc a leurs vœux vous me sacrifiez ?

PHILAMINTE

Ce ne sera point vous que je leur sacrifie,

Et vous avez l'appui de la philosophie,

Pour voir d'un œil content couronner leur ardeur.

BÉLISE

Qu'il prenne garde au moins que je suis dans son cœur :

Par un prompt désespoir souvent on se marie,

Qu'on s'en repent après tout le temps de sa vie.

CHRISALE

Allons, Monsieur, suivez l'ordre que j'ai prescrit,

Et faites le contrat ainsi que je l'ai dit.

MOLIÈRE, *Les Femmes savantes*

Texte 11

LA FEMME, *à Triboulet*

Le chirurgien.

TRIBOULET, *au chirurgien qui s'approche*

Tenez, regardez-la, je n'empêcherai rien.

Elle est évanouie, n'est-ce pas ?

LE CHIRURGIEN, *examinant Blanche*

Elle est morte.

Triboulet se lève debout d'un mouvement convulsif

Elle a dans le flanc gauche une plaie assez forte.

Le sang a du causer la mort en l'étouffant.

TRIBOULET

J'ai tué mon enfant ! J'ai tué mon enfant !

Il tombe sur le pavé

HUGO, *Le roi s'amuse*

Ces quatre extraits (textes 8, 9, 10, 11) sont les conclusions de quatre pièces. Après les avoir lues attentivement, dites, pour chacune d'elle, quel est le genre théâtral et quel est le type de dénouement.

La presse

Le texte de presse

Les textes de presse se distinguent des autres textes écrits par une série de caractéristiques communes : l'organisation, la typographie, le style et les intentions de la personne qui écrit.

Les articles sont toujours présentés par un titre qui annonce en quelques mots l'événement dont on parle dans l'article. Sa fonction est surtout celle d'attirer l'attention du lecteur. Suivant l'importance de la nouvelle annoncée, un titre peut être accompagné d'un *surtitre* et d'un *sous-titre*.
Tout de suite après le titre, en caractère gras, il y a le *chapeau*, une phrase qui résume le contenu de l'article tout en sollicitant davantage la curiosité du lecteur.
Le premier paragraphe de l'article, appelé *attaque*, a aussi une fonction très importante car il doit susciter chez le lecteur l'envie de lire tout l'article.
L'ensemble formé par le titre, le chapeau et l'attaque est appelé *accroche*. Cette première partie de l'article, qui doit « accrocher » le lecteur, fournit généralement une grande partie de l'information contenue dans l'article.
L'accroche est suivie par des relances et, souvent, par des intertitres, au début de chaque paragraphe. L'article se termine toujours par une conclusion appelée *chute*.

L'organisation

La mise en page d'un article a pour but de favoriser une lecture rapide. L'article est présenté en colonnes et ses parties se distinguent par des caractères d'imprimerie différents.
Les caractères du titre sont les plus gros et ils peuvent varier selon l'importance de la nouvelle. Le chapeau aussi se distingue de l'article par des caractères gras.

La mise en page

Le style privilégie le registre de langue du public visé, mais il peut y avoir l'utilisation d'un vocabulaire technique spécialisé (sport, économie, sciences, politique...).
Le but principal d'un article est généralement celui d'informer le lecteur sur un événement, mais la façon dont l'information est traitée dépend de l'angle choisi par le journaliste. Celui-ci peut en effet se contenter de donner quelques informations essentielles (fait divers...), ou bien fournir des témoignages (interview, propos de plusieurs personnes...), ou encore faire une approche plus précise à l'événement, en soulignant des détails (causes, conséquences...).

Le style et les intentions du journaliste

Texte 1

Incendies de Marseille : tout danger enfin écarté

Après deux jours de combat, les feux étaient considérés comme maîtrisés, hier après-midi, sur l'ensemble du front et les personnes évacuées ont pu regagner leur domicile. Mais une vingtaine de sapeurs-pompiers ont dû recevoir des soins et l'un d'eux a été hospitalisé

Après plus de 48 heures d'efforts, les 1 800 sapeurs-pompiers engagés dans les Bouches-du-Rhône ont réussi, hier soir, à stopper la progression du principal incendie de la périphérie marseillaise, qui s'était déclaré vendredi en milieu de journée dans une décharge de Septème-les-Vallons, à une quinzaine de kilomètres au nord-est de la cité phocéenne.

Il faudra, toutefois, encore plusieurs jours pour l'éteindre complètement.

Dans ce terrible combat, un sapeur-pompier, brûlé aux jambes, a été sérieusement blessé et hospitalisé. Une vingtaine d'autres ont dû recevoir des soins après avoir inhalé de la fumée.

Au total, depuis vendredi, les flammes ont détruit quelque 3 500 hectares de végétation et auront entraîné l'évacuation de 1 500 personnes, qui ont désormais regagné leur domicile.

Le succès des sapeurs-pompiers, qui ont également réussi à maîtriser deux autres principaux foyers du Rove et de Salon-de-Provence, a été favorisé par la météo et l'accalmie du mistral, qui avait soufflé jusqu'à 140 km/h par rafales samedi puis s'est calmé hier.

Par prudence, les moyens en hommes et en matériel ont cependant été mobilisés, pour une troisième nuit consécutive.

Dès 16 heures, le préfet de la région Provence-Alpes-Côte d'Azur, Jean-Paul Proust, avait pu annoncer, à Allauch, que la situation était « très largement maîtrisée ». Rendant hommage au « travail extraordinaire » des secours, le préfet de région s'est

« félicité qu'après deux journées difficiles, on n'ait compté aucune victime, ni civile ni parmi les sauveteurs ».

Qualifiant la situation sur le terrain de « désastre écologique », il a estimé nécessaire de « repenser au reboisement de ces zones péri-urbaines » se disant « frappé de voir que ces garrigues et pinèdes en milieu urbain constituent un danger permanent ». Et il a évoqué la possibilité de planter « des arbres moins inflammables », comme des oliviers qui « brûlent moins que les pins ».

Chez Pagnol

Malgré ce bilan rassurant, si l'incendie de Septème-les-Vallons, qui s'était propagé sur un front large de deux kilomètres vers Allauch et Plan-de-Cuque, a pu être stoppé dans le quartier marseillais de la Treille – à quelques centaines de mètres de la maison de Marcel Pagnol, quelques poches continuaient à brûler hier soir.

La principale se situait au Pilon-du-Roi, au sommet de la chaîne de l'Étoile, une série de collines entourant Marseille du nord à l'est, à une quinzaine de kilomètres du centre-ville.

Le vent a faibli, mais ce sommet était balayé par une brise tournante qui gênait les sapeurs-pompiers. Quatre cents engins étaient concentrés autour du Pilon-du-Roi et huit Canadair déversaient en permanence des tonnes d'eau et de produits retardants.

La situation était cependant en passe d'être maîtrisée sur l'ensemble du front. Mais il faudra de six à sept jours pour éteindre

complètement le feu.

Les sapeurs-pompiers ovationnés

Un bilan complet des dégâts matériels doit être établi aujourd'hui par un survol en hélicoptère. Mais il apparaît déjà que seules quelques maisons isolées ont subi des dommages. L'incendie pourrait avoir aussi des répercussions sur l'alimentation électrique de la région marseillaise.

Pour faciliter le travail des pompiers au sol et celui des pilotes de Canadair, EDF a en effet mis hors tension trois des six lignes aériennes de 420 000 volts alimentant les secteurs de Marseille et de Toulon. Ceci a permis aux engins au sol de travailler en toute sécurité, sans risquer, par exemple, la formation d'un arc électrique en cas de contact entre une échelle et un câble.

Pendant ces deux jours et deux nuits de combat contre les flammes, les pompiers – qui avaient reçu dans la nuit de samedi à dimanche le renfort d'unités venues de Midi-Pyrénées, d'Aquitaine et de la région parisienne – ont été ovationnés et aidés par la population.

Message de félicitations

Le Premier ministre, L. Jospin, et le ministre de l'Intérieur, J.-P. Chevènement, ont adressé un message de « félicitations et d'encouragement » à l'ensemble des personnels engagés dans les opérations de lutte anti-incendie autour de Marseille, a annoncé la préfecture de région.

Nice-Matin

1. Repérez dans l'article les éléments suivants :
   - titre
   - chapeau
   - attaque
   - accroche
   - intertitres
   - chute

2. Quel est l'angle de vue choisi par le journaliste ? Est-ce qu'il apporte des témoignages ? Fait-il une description objective de ce qui s'est passé ?

Le président américain assimile la nicotine et ses effets de dépendance à une drogue

Clinton met le tabac hors la loi

Cette attitude est destinée à décourager les jeunes fumeurs. Mais la vente aux adultes demeure libre.

NEW YORK :
Jean-Louis TURLIN

Après les restrictions draconiennes du droit de fumer dans les lieux publics, nouvel épisode dans la guerre du tabac aux États-Unis, alarmé pas la forte recrudescence du nombre des jeunes fumeurs, le président Clinton est parti en campagne contre la vente libre des cigarettes. En classant la nicotine dans la catégorie des drogues toxiques, le gouvernement américain veut mettre hors la loi l'accès des mineurs au tabac.

« Chaque jour, trois mille jeunes deviennent des fumeurs assidus, et près de mille d'entre eux en mourront prématurément. » Avec un tel argument invoqué dans son discours sur les valeurs familiales, hier devant le Congrès national de l'Église baptiste à Charlotte, en Caroline du Nord, Bill Clinton se savait sur un terrain politiquement solide, même au cœur d'une région grande productrice de tabac.

L'opinion soutient largement les diverses interdictions de fumer dans les restaurants, les bureaux, les avions ou les stades. Et l'industrie du tabac est plus que jamais devenue la cible de la colère publique depuis que les compagnies ont été forcées, par la Food and Drug Administration (FDA), de révéler leurs études internes sur les effets de dépendance liés à la consommation de nicotine, effets qu'elles ont largement passés sous silence ou minimisés.

C'est précisément sur la base de la nature toxique de la nicotine que la FDA revendique le pouvoir de classer le tabac dans la catégorie des stupéfiants. Elle devait le recevoir hier du président Clinton, qui estime que son ministère a établi la preuve scientifique des effets de dépendance de la nicotine. En conséquence, la FDA devait annoncer une série de mesures fédérales tendant à bloquer la vente de cigarettes aux mineurs.

Contradiction

Jusqu'à présent, les autorités fédérales n'avaient de pouvoir de contrôle que sur la publicité - la consommation dans les lieux publics restant du ressort des États et des autorités locales, à l'exception du transport aérien qui dépend du ministère de l'Agence fédérale de l'aviation. En mettant le tabac dans le même sac que la cocaïne ou l'héroïne, elles légiféreraient, pour la première fois dans l'histoire, la vente du produit. Le président Clinton, soucieux de rassurer l'industrie du tabac qui contribue généreusement au financement des campagnes électorales, a cependant tenu à préciser que la vente de cigarettes aux adultes resterait entièrement libre. Vice-président du Tabacco Institute, Brennan Dawson n'a pas manqué de souligner la contradiction qu'avait précédemment relevée la Medecine Institute dans la logique réglementaire de la FDA : *« L'assimilation des produits contenant de la nicotine à des stupéfiants devrait avoir pour effet inévitable d'interdire ces produits, y compris aux adultes. »* Pour Brennan Dawson, le réglementation de la vente proposée n'est qu'un premier pas vers la prohibition. Et de rappeler que *« l'industrie du tabac a, depuis des décennies, entrepris une série d'actions destinées à tenir (ses) produits éloignés des enfants ».*

La mesure la plus récente a été prise par Philip Morris qui, sentant le vent venir, a annoncé, la veille du discours de Charlotte, la mise en circulation de nouveaux emballages portant la mention *« Vente aux mineurs interdite ».* L'inscription figure en petits caractères sur le même côté des paquets de cigarettes que l'avertissement, déjà ancien, selon lequel la consommation de tabac est dangereuse pour la santé.

Tous les avertissements du monde ne suffiront jamais à décourager les fumeurs dont le nombre, aux États-Unis, s'est stabilisé autour de 50 millions après un long déclin. Ce qui inquiète les autorités, c'est la progression des jeunes fumeurs: chez les lycéens, elle a augmenté de deux points en un an, pour atteindre 19% en 1993 (selon les derniers chiffres disponibles).

Mais de nombreux obstacles vont se dresser en travers de l'adoption d'une loi fédérale. Le débat de fond n'a pas été tranché: les producteurs de cigarettes ont-ils sciemment exploité à des fins commerciales les effets de dépendance de la nicotine ? La question promet de beaux et longs procès.

Pour sa part, la majorité républicaine au Congrès, qui a érigé en dogme la déréglementation, s'apprête à livrer bataille à la Maison-Blanche sur ce terrain.

Le Figaro

1. De quelle façon le texte est-il présenté ?
2. Quelles sont les informations données au lecteur dans le titre, le surtitre, le sous-titre ?
3. Comment l'information est-elle traitée par le journaliste ?
4. Quel est l'effet produit par les témoignages que le journaliste fournit ?

Novembre 1992. Une polémique passionnée divise la France. Et plus particulièrement la clientèle des cafés, bars, restaurants et autres brasseries. La loi Evin, dite « *loi contre le tabagisme* » vient d'entrer en vigueur. Désormais, les fumeurs et les non-fumeurs vivront séparément, chacun dans une zone réservée. Les patrons qui refuseront de diviser ainsi leur établissement devront payer une amende. À l'époque, on se demande combien de temps une telle obligation pourra tenir. Plusieurs années plus tard, la loi est toujours en application. Mais pas forcément comme on pourrait le penser.

Et les clients dans tous ça ? Dans les premiers mois qui ont suivi la loi, les gens refusaient d'entrer s'il n'y avait pas de place dans la zone de leur choix, explique Jean-Marc, propriétaire d'un bar de la rue Montmartre « *Mais les choses ont rapidement changé. Les gens ne sont pas aussi exigeants. Car ce qui fait le succès d'un établissement c'est sa convivialité. Et ça, les clients ne voudraient s'en priver pour rien au monde.* »

Jouer le jeu

Là-dessus, il se baisse pour ramasser une vieille boîte en carton. « *Les armoiries de M. Evin !* » annonce-t-il hilare, en sortant des paquets entiers d'autocollants destinés à la délimitation des zones. Les verts pour les fumeurs, les bleus pour les autres. « *C'est encore là qu'elles dérangent le moins* » conclut-il avec un clin d'œil malicieux.

Les séparations imposées en 1992 dans les lieux publics ne sont guère respectées.

D'autres, comme Bernard, patron d'une brasserie dans le premier arrondissement, ont au contraire choisi de « *jouer le jeu* ». Du moins en apparence : « *Même ceux qui possèdent deux pièces distinctes sont confrontés à un dilemme : refuser des clients fumeurs alors qu'il reste de la place chez les non-fumeurs – en général moins nombreux – ou ignorer la loi. En général, ils comprennent vite. La loi est respectée sur les murs, pas dans les faits.* »

Reste que, théoriquement, la loi avait été créée dans le but de protéger les non-fumeurs de la gêne provoquée par la fumée de cigarette. « *Un objectif louable, poursuit Jean-Marc, mais il ne faut pas non plus tomber dans l'excès inverse. Certains ont fait de la lutte contre le tabagisme une véritable croisade. Ils ont sans doute raison. Le problème, c'est que ce sont souvent les mêmes qui en été, veulent absolument profiter de l'« air pur » de ma terrasse. À deux pas d'un feu rouge. Là où l'air est le plus pollué dans la capitale.* »

Éric MAILLEBIAU

Le Figaro

« *La loi Evin ? Du cinéma ! On l'a bien respectée quelques semaines, et puis après...* » Accoudé sur son bar, Jacky contemple son cigare, un énorme barreau de chaise « *venu tout droit de La Havane* ». Cafetier depuis 22 ans dans le quartier des halles, à Paris il commente avec humour ces années de « *prohibition française* ». « *Mon établissement fait exactement 35m². Comment voulez-vous que je sépare les fumeurs des non-fumeurs ? Ce n'est pas sérieux. Poser des étiquettes sur les murs n'a jamais empêché la fumée de passer.* »

Les fumées de la loi Evin

Reconstituez cet article en remettant dans l'ordre les parties proposées.

B.B. aime l'Italie mais pas toutes ses coutumes

Brigitte Bardot affirme aimer l'Italie. Mais elle aimerait encore davantage ce pays s'il renonçait à certaines de ses coutumes, à commencer par le Palio, la célèbre course de chevaux disputée deux fois chaque été à Sienne.

Invitée à Chianciano, autre ville de Toscane, pour y recevoir samedi soir un prix pour son autobiographie « Initiales B.B. », l'ancienne actrice convertie dans la protection animale a eu des mots très durs à propos de cette compétition par quartiers.

À des journalistes qui lui demandaient son avis sur cette course ancestrale, qui remonte au Moyen-Âge, Brigitte Bardot a répondu : « J'aimerais que quiconque a le pouvoir de le faire arrête ce spectacle. J'espère que quelqu'un aura le courage d'intervenir ».

Á la question de savoir si sa passion pour les animaux est plus forte que celle qu'elle éprouve pour les hommes, l'ancien sex-symbol a répondu aussi sèchement : « Si c'était des hommes qui couraient à Sienne, je n'en aurais rien à faire ! »

Ce n'est pas la première fois que le Palio, course violente où les chevaux sont montés à

cru et souvent frappés, est publiquement critiqué par une personnalité.

Voilà quelques années, le réalisateur italien Franco Zeffirelli avait qualifié cette course, courue le 2 juillet et le 16 août de chaque année, de « rendez-vous avec la mort pour les chevaux ».

Nice-Matin

1. Quels sont les éléments typiques, que l'on retrouve dans plusieurs articles, qui manquent dans ce cas ?

2. De quelle façon le titre éveille-t-il la curiosité du lecteur ?

3. Est-ce que le lecteur trouve une réponse à sa curiosité dès le début de l'article ?

4. Est-ce que le journaliste se limite à rapporter les mots de l'actrice ou bien il cite des morceaux d'interview ?

5. Quel vous paraît être le point de vue du journaliste à propos du problème abordé dans l'article ? Quelle est la phrase qui vous le fait comprendre ?

Entre route et Seine, dans le bois de Boulogne

Un camping indigne de la capitale

Les campeurs doivent jouer des coudes pour obtenir l'un des 560 emplacements de l'unique terrain parisien. Un site qui ressemble plus à une bruyante usine à touristes qu'à une aire de vacances.

Allée du Bord-de-l'Eau, dans le XVIe arrondissement.

Installé entre les ponts de Suresnes et de Puteaux, le camping du bois de Boulogne se veut être un havre de paix dans un carré de verdure. À moins de quatre kilomètres de la première station de métro, ses allées ombragées lui confèrent un charme bucolique surprenant, loin du béton. Un charme toutefois trompeur car, à peine franchie la barrière, la réalité s'avère bien différente.

« *Bonjour, monsieur, veuillez dégager le passage rapidement, s'il vous plaît. Vous risquez de gêner les véhicules qui sortent.* » Armé d'un walkie-talkie grésillant, le jeune homme qui vient de parler n'est déjà plus là. Il court d'une voiture à l'autre, s'évertuant à réguler du mieux qu'il peut un trafic digne de la place de l'Étoile un jour de départ en vacances. Une circulation que Pascal Renard, régisseur du camping, explique avec philosophie : « *Ici, la file d'attente est la règle. Nous ne faisons plus de réservations depuis longtemps, les clients étaient trop indisciplinés ; ils arrivaient trop tôt ou trop tard. Maintenant les choses sont claires : les premiers arrivés sont les premiers servis.* »

Un tel langage a de quoi surprendre les adeptes de l'« esprit campeur » fondé sur la patience et la bonne humeur. Mais avec 560 places réparties sur moins de sept hectares – ce qui est vraiment très peu pour l'une des capitales les plus visitées du monde – l'efficacité passe avant tout. Lorsqu'il affiche complet, pas moins de 2 500 personnes se retrouvent groupées dans ce petit espace.

Vue masquée

Si le terrain appartient à la mairie du XVIe, la gestion du site est assurée par les Campings d'Île-de-France, filiale de la Compagnie internationale de service et d'environnement (CISE), elle-même filiale de Saint-Gobain. Ce camping est le seul de la capitale – d'autres existent en proche banlieue – car explique-t-on à la Fédération française du camping, Paris manque d'espaces verts disponibles. D'où son engorgement. Une promiscuité qui ne semble pourtant pas déranger les campeurs outre mesure qui payent de 66 francs, pour un emplacement simple, (tente de deux personnes) à 352 francs pour un mobil-home, en haute saison. « *Tous nos clients sont des touristes*, souligne Pascal Renard, *dont près de 95% d'étrangers. Ils sont là pour visiter, pas pour faire du camping. La plupart d'entre eux ne restent pas plus de trois jours ici.* »

Peu importe, donc, que les allées soient bitumées ou que de nombreux panneaux de signalisation défigurent le paysage : la limitation de vitesse est fixée à 10km/h. Quant à la vue sur la Seine, l'un des attraits majeurs du camping, elle est régulièrement masquée par des sacs de couchage et autres serviettes étendus sur une petite haie grillagée. Agitation, circulation et goudron : incontestablement, la vie du camping n'est pas sans rappeler celle de la capitale, à mille lieues d'une atmosphère de vacances. Une impression renforcée par l'absence totale d'animation. « *Un manque de convivialité dû*, selon Pascal Renard, *à la très grande diversité des langues et à la vocation même du camping : les gens sont en visite toute la journée.* »

Autre facteur déterminant pour comprendre cette ambiance si froide: le matériel. « *Les clients sont de mieux en mieux équipés*, confie Richard Fauttère, autre responsable du camping. *Résultat : ils sont de plus en plus autonomes et se replient sur eux-mêmes. Inévitablement, la fraternité et l'entraide tendent à disparaître.* »

Doit-on en conclure que le camping du bois de Boulogne n'est fréquenté que par de « faux campeurs » ? « *Absolument pas !* » s'indigne Alex, un jeune motard de passage. « *Si les choses sont différentes ici, c'est parce que les gérants ont voulu trop en faire. On a plus l'impression d'être dans une usine à touristes que dans un camping.* » Et Alex de remarquer que la plupart des aires réservées aux tentes sont situées juste de l'autre côté de la route, avec un petit grillage pour toute protection : « *Sympa pour dormir ! C'est un camping fonctionnel, voilà tout.* »

Éric MAILLEBIAU

Le Figaro

1. Combien de types de caractères d'imprimerie pouvez-vous distinguer dans les différentes parties de l'article ? À quoi ces différences sont-elles dues ?

2. Quel registre de langue le journaliste utilise-t-il ?
Citez quelques mots et expressions utilisées par le journaliste qui vous permettent de justifier votre réponse. Y a-t-il des registres différents qui caractérisent parfois les répliques des personnes interviewées ? Si oui, dans quel/s cas ?

L'analyse et l'interprétation de l'image

Les images sont partout dans notre société et prennent plusieurs formes : publicités, affiches, tableaux, photos, dessins humoristiques... Leur fonction est multiple : les images témoignent, informent, expliquent, séduisent, convainquent... selon des mécanismes qu'il faut déceler pour mieux comprendre et apprécier tout document iconographique.

1. L'analyse d'une image

Analyser l'image, la décrire au point de vue technique, est un procédé indispensable qui permet ensuite d'interpréter plus facilement le document.

Pour décrire une image, il faut d'abord identifier de quel type de document il s'agit (photo, tableau...) et, si possible, le situer dans le temps et l'espace. Par exemple, on peut deviner si une photo a été prise à une certaine époque en regardant les vêtements et la coiffure d'un personnage ; d'autres détails, tels que le décor, peuvent donner des informations utiles sur l'époque et le lieu. | **La description**

Ensuite, il faut préciser quel est le sujet de l'image (un décor, une personne ou un objet...) et s'il s'agit d'une image en couleurs ou en noir et blanc. | **Le sujet et la couleur**

Au point de vue technique, la description doit préciser s'il y a des *points forts* (c'est-à-dire des contrastes de couleurs qui attirent le regard) ou des *lignes de force* (c'est-à-dire des lignes horizontales, verticales ou diagonales facilement identifiables). Le cadrage peut comprendre plusieurs plans : | **Le cadrage**
- le *gros plan* permet un angle de prise de vue étroit et montre un détail de l'objet ;
- le *plan rapproché* ouvre le champ un petit peu et encadre l'objet en excluant le fond ;
- le *plan américain* ouvre encore davantage le champ et coupe le personnage aux trois quarts ;
- le *plan moyen* élargit le champ et montre l'objet avec une partie de fond ;
- le *plan d'ensemble* offre un espace vaste avec une vision générale de l'objet.

Chaque plan a une fonction particulière : le *plan d'ensemble* situe une certaine action ; le *plan moyen* concentre l'attention sur un personnage ; le *plan américain* donne encore plus d'importance au personnage ; le *plan rapproché* montre les réactions du personnage ; le *gros plan* montre un détail et frappe le lecteur en cherchant à lui faire peur, à l'émouvoir, à le renseigner, selon le cas.

On parle de *plongée* si le sujet de l'image est placé plus bas que l'angle de prise de vue (représenté par exemple par l'appareil-photo ou la caméra, en cas d'image cinématographique) ; on parle, au contraire, de *contre-plongée* si le sujet est placé plus haut que l'angle de prise de vue. Si le sujet est placé au même niveau, on parle de *prise de vue horizontale*. | **L'angle de prise de vue**

Le gros plan.

Le plan rapproché.

Le plan américain.

Le plan américain.

Le plan moyen.

Le plan d'ensemble.

La contre-plongée.

La plongée.

Les lignes de force que l'œil du lecteur identifie aussitôt.

Les points forts correspondent à des contrastes de couleurs.

2. L'interprétation de l'image

Toute image est polysémique, elle a donc plusieurs sens selon l'interprétation que lui donne le lecteur, celui-ci étant influencé par sa culture, sa sensibilité, son état d'âme...

La façon dont l'image est présentée peut aussi influencer l'interprétation, par exemple s'il y a une légende ou un titre qui l'accompagnent. En outre, l'image principale peut être associée à une autre image qui permet des associations d'idées (effet Koulechov). Les codes collectifs sont également très importants dans l'interprétation, car un certain objet ou un geste peut avoir un sens différent selon la culture et la tradition d'une civilisation.

Les Français préfèrent toujours passer leurs vacances à la mer.

Une plage bondée : est-ce du vrai repos ?

L'effet Koulechov ou l'association d'idées à partir d'une image principale.

La dénotation et la connotation

L'interprétation d'une image passe à travers la recherche, de la part du lecteur, mais aussi de la part de celui qui crée l'image (peintre, photographe...) soit du message dénoté soit du message connoté.

Le message dénoté est celui que l'image transmet de façon neutre et objective, il est constitué par ce que l'image représente tout simplement (l'objet, le paysage, le personnage...) avec ses formes, ses couleurs...

Le message connoté est le résultat d'une interprétation subjective de l'image et dépend de la culture et de la personnalité du lecteur, ce qui explique pourquoi la même image peut être l'objet d'interprétations différentes. La connotation peut être influencée par de nombreux facteurs subjectifs. Par exemple, le lecteur peut être frappé par le contraste entre l'image et la réalité ou par des contrastes à l'intérieur de l'image elle-même ; en outre, l'image peut suggérer des comparaisons ou des rapprochements.

La couleur aussi est importante car elle peut suggérer d'ultérieures connotations. Certaines couleurs ont des connotations négatives : c'est le cas du noir, symbole des ténèbres, du gris, symbole du deuil et du brouillard. D'autres couleurs ont des connotations positives : le bleu représente le ciel et l'infini, le rouge est l'emblème du feu, de la passion et de l'action, le pourpre symbolise le pouvoir.

Cependant, certaines couleurs comme le blanc et le jaune peuvent avoir des connotations positives ou négatives selon le contexte.

C'est ainsi que le noir, symbole des ténèbres, peut s'opposer au blanc ou l'accompagner, selon que le blanc symbolise la pureté, ou la mort et le deuil, comme en Orient.

De même, le jaune peut symboliser à la fois l'éclat du soleil et de l'or ou bien l'automne et, par extension, la vieillesse.

L'image narrative

On parle d'image narrative quand une image représente un moment particulier d'un événement. Parfois, comme c'est le cas de la bande dessinée ou du cinéma, une suite d'images montre le déroulement de l'action.

Le changeur *(détail)* de Rembrandt, XVIIe siècle.
Le jaune, symbole de l'or, est la couleur dominante du tableau.

La sieste, *par Van Gogh, 1889.*
La connotation positive du bleu, symbole du ciel et de l'infini.

Chiens de Sibérie dans la neige, *par Franz Marc, 1880.*
Ici le blanc symbolise la pureté d'un paysage incommensurable non pollué.

Le sacre de Napoléon Ier *(détail), par Louis David, 1806-1807.*
Le pourpre, symbole du pouvoir.

La douleur, *par Carlos Schwabe, 1893.*
Ce peintre symboliste a rendu le deuil par le noir comme il est d'usage en Occident.

3. La description et l'interprétation d'une photo

Pour décrire et interpréter une photo, il faut considérer d'abord les éléments suivants :

– le sujet de la photo, les couleurs et, si possible, l'époque où elle a été prise et le lieu représenté – s'il y a assez d'indices qui le font comprendre. Par exemple, la Tour Eiffel peut indiquer Paris et le XXe siècle, les vêtements et la coiffure des personnages peuvent suggérer une époque...

– les aspects techniques de l'image, le cadrage, l'angle de prise de vue, la présence de points forts ou de lignes de force ;

– la valeur dénotative et les connotations possibles de l'image ;

– l'eventuelle valeur narrative.

Ensuite il faut se demander pour quelle raison, dans quelles circonstances et dans quel but la photo a été prise et si le photographe a utilisé des moyens techniques particuliers pour atteindre son but. Par exemple, il faut relever si la photo est nette ou floue, si la lumière est éblouissante, équilibrée ou si la photo a été prise à contre-jour, s'il y a des ombres, si un téléobjectif a été utilisé...

Après un examen attentif, on peut enfin exprimer son jugement sur la valeur et l'efficacité de l'image.

1

Boulevard Montmartre.

La Tour Eiffel et la Géode.

Examinez ces photos et, pour chacune d'elles, écrivez un paragraphe avec votre description et interprétation.

Comparez ensuite vos résultats à ceux de vos camarades.

Quelles différences d'interprétation remarquez-vous ?

Pour vous aider, remplissez pour chaque photo la grille suivante :

	Photo 1	**Photo 2**	**Photo 3**
Sujet principal			
Sujet secondaire			
Cadrage			
Couleur			
Message dénoté			
Message connoté			

4. La description et l'interprétation d'une publicité

Pour analyser et interpréter une image publicitaire, il faut considérer les éléments suivants :

– si l'image est représentée par une photo, un dessin, un photomontage, un collage d'images de nature différente... ;
– quelles sont les caractéristiques techniques de l'image, (cadrage, couleur, lumière...) ;
– quel est le produit publicisé ;
– quel est le lien entre l'image et ce produit ;
– quelles sont les dénotations et les connotations ;
– qui est le destinataire du message ;
– s'il y a un texte, quel est le rôle de celui-ci par rapport à l'image ;
– quelles sont les caractéristiques du slogan (jeu de mots, calembour, blague, clin d'œil...).

Après cette analyse, on peut faire des considérations plus personnelles sur l'efficacité du message en relevant l'effet que la publicité produit sur le destinataire (message amusant, séduisant, convaincant, peu efficace...).

ACTIVITÉS

Analysez ces publicités selon les indications données.
Pour vous aider, remplissez pour chaque image publicitaire la grille suivante.

	Publicité 1	Publicité 2	Publicité 3
Produit			
Cadrage			
Texte			
Slogan			
Idées exprimées			
Idées suggerées			
Qualités du produit			

Comparez ensuite les images et dites laquelle est, à votre avis, la plus efficace. Motivez votre réponse.

5. La description et l'interprétation d'un dessin

Pour examiner et interpréter un dessin, il faut tout d'abord identifier ses caractéristiques en déterminant :

– s'il s'agit d'un dessin humoristique avec ou sans paroles, si le dessin a été tiré d'une bande dessinée...
– quelles sont les caractéristiques techniques du dessin (cadrage, couleurs, sujet, présence ou absence du texte...)
– s'il s'agit d'une BD, quel est le montage des vignettes sur la planche (= page) ;
– s'il y a un texte, quel est le rôle de celui-ci ;
– la présence de codes de suppléance pour exprimer le mouvement (la vitesse, la lenteur, l'amplitude), le sonore (bruit, musique, paroles) ;
– la valeur narrative de l'image ;
– l'efficacité de l'humour et l'effet produit par l'image sur le destinataire.

Après ces indications, une considération est nécessaire : le dessin humoristique étant souvent lié à une situation particulière, il n'est pas toujours facile de le comprendre car, pour saisir entièrement l'intention de l'émetteur, le récepteur doit posséder le même code.

Après avoir examiné ces dessins, remplissez la grille suivante :

	Bande dessinée 1	**Bande dessinée 2**
Sujet		
Cadrage		
Texte		
Effet humoristique et/ou valeur narrative		

Écrivez ensuite une brève description de chaque dessin en relevant, selon le cas, son efficacité humoristique ou sa valeur narrative.

6. La description et l'interprétation d'une œuvre d'art

Pour décrire une œuvre d'art, il faut examiner attentivement l'image dans tous ses détails. Pour l'interprétation, il est en outre nécessaire de posséder des connaissances d'histoire de l'art.

Par la suite, nous vous proposons quelques indications sur la façon de décrire une image, en vous fournissant certains termes spécialisés qu'on utilise pour la description d'images artistiques.

En regardant l'image, il faut d'abord l'identifier, en cherchant des repères, si ceux-ci sont disponibles : le nom de l'auteur, l'époque à laquelle l'œuvre a été créée, le titre, s'il existe... Successivement, on précise de quel type d'œuvre il s'agit : une toile, une fresque, un tableau sur bois, un retable, une eau-forte, une gravure, une aquarelle, une estampe, une esquisse...

On décrit ensuite ses caractéristiques techniques : le sujet, le cadrage, les couleurs, la lumière...

Le sujet peut être un paysage, une scène, une nature morte, un portrait, un autoportrait, un symbole (religieux, philosophique), la célébration d'un personnage ou d'un événement.

Les couleurs peuvent être criardes, mates, ternes, pâles, lumineuses, éclatantes, brillantes, avec des contrastes, des nuances...

En examinant l'œuvre dans son ensemble, on considère ensuite les éléments qui se détachent et qui frappent davantage l'observateur afin de mieux interpréter le message de l'artiste selon sa sensibilité et ses éventuelles connaissances culturelles.

ACTIVITÉS

Examinez les tableaux suivants et remplissez pour chacun d'eux la grille de la page 138.

Une matinée, danse des nymphes *(détail), par Camille Corot, 1850-1851.*

La grande famille, *par René Magritte, 1963.*

Portrait de Dora Maar, *par Pablo Picasso.*

	Tableau 1	Tableau 2	Tableau 3
Sujet			
Cadrage			
Couleurs			
Lumière			

1. Comment interprétez-vous chacun de ces tableaux ?

2. Quel est le tableau qui stimule le plus l'imagination ?

3. Quel est celui qui est le plus explicite ?

4. Quel est celui qui joue sur la décomposition de l'image ?

Annexes

1. Comment lire et analyser un texte littéraire

Voici résumés les éléments fondamentaux dont il faut tenir compte pendant la lecture et l'analyse stylistique d'un texte.
Pour vous rappeler les détails de chaque fait de style, rapportez-vous aux chapitres précédents qui les illustrent.

Un extrait littéraire est généralement accompagné de quelques informations qui peuvent être utiles pour situer le texte : un titre, le nom de l'auteur, l'œuvre d'où le morceau a été tiré, la date de publication. Si on connaît l'auteur et l'œuvre, on peut déjà avoir une idée du style ou du contenu de l'extrait. En cas contraire, les informations sur la date de parution ou le titre de l'œuvre peuvent quand même aider à situer l'extrait dans un contexte.
En outre, la disposition du texte aide à préciser le genre littéraire (roman, nouvelle, conte, poésie, théâtre) et peut suggérer, selon la disposition en paragraphes, la présence d'unités de sens et d'une sous-division du texte en plusieurs parties. | **La première approche**

On distingue généralement la lecture linéaire, qui analyse un texte de façon détaillée, de la lecture méthodique, qui, a priori ou successivement à une lecture linéaire, permet d'élaborer un commentaire à partir d'un *axe de lecture* bien déterminé. Cet axe peut être représenté par une caractéristique du genre littéraire ou du type de texte auquel l'extrait appartient et concerne l'élément ou les éléments les plus significatifs du texte étudié. | **La lecture**

Bien cerner ces deux éléments est indispensable pour analyser un texte, car le niveau sémantique est toujours étroitement lié aux aspects stylistiques. En effet, dans l'œuvre de beaucoup d'écrivains, on constate souvent, après une analyse détaillée, que la forme mime le contenu par son rythme et ses figures. La synthèse de ces deux aspects aide à trouver donc un *axe de lecture* et constitue le noyau du commentaire stylistique. | **Le contenu et la forme**

Le thème d'un texte peut être repéré en répondant à ces questions : quelles sont les informations données par l'auteur ? quel est le but de l'auteur ? Par exemple, si l'intention est celle d'exprimer un sentiment, on peut utiliser un vocabulaire affectif, des phrases exclamatives ou la première personne ; si l'on veut évoquer le passé, on emploie les temps du passé qui s'accompagnent parfois d'un vocabulaire affectif plein de nostalgie ; si on désire argumenter une conviction, on utilise des verbes d'opinion, des mots de liaison... | **Le thème**

Le style	Le style représente une caractéristique propre de l'écrivain qui peut être repérée à travers l'analyse des éléments du texte : forme et rythme du texte, réseau lexical et vocabulaire, ton du texte, connotations, figures de style, emploi des temps, variations des niveaux temporels, répétitions, présence du lecteur et/ou du narrateur dans le texte, type de discours... Les faits de style varient selon le genre littéraire : pour le roman il faut tenir compte du type de texte (narratif, descriptif...) ; pour la poésie, il faut analyser la construction du poème (genre, vers, rimes, figures de style...), pour le théâtre, il faut considérer l'action, le dialogue...

2. Comment résumer un texte

Pour résumer un texte, c'est-à-dire le réduire au quart de sa longueur, il faut le lire avec attention plusieurs fois :

La première lecture	On fait une lecture intégrale. au cours de laquelle on s'interroge sur le type de texte que l'on a sous les yeux, on réfléchit sur des éléments tels que le titre, l'auteur, la date de publication, on note les passages les plus importants et les principaux thèmes abordés. On cherche également à comprendre quel est le ton du texte et dans quelle intention il a été écrit.
La deuxième lecture	Au cours de cette lecture, il faut repérer les différentes étapes du texte, en traçant une barre verticale chaque fois que l'auteur change d'argument. Il est également important de souligner les mots de liaison qui permettent d'établir les liens logiques entre les différentes parties du texte.
La troisième lecture	Il est nécessaire de souligner ce qui est essentiel et de supprimer ce qui ne doit pas être retenu. Il faut ensuite reformuler avec ses propres mots ce qui a été conservé.
Rappelons de façon générale que	– le texte doit être résumé d'une façon objective sans parti pris. Un résumé n'est pas un commentaire, il ne faut donc pas exprimer son point de vue et il faut éviter l'emploi de verbes tels que : je pense, ou d'expressions comme : selon moi, à mon avis... ; – des synonymes doivent être utilisés, quand c'est possible, pour remplacer les mots contenus dans le texte (par exemple : les entraves = les obstacles) ; – le résumé doit présenter les mêmes temps verbaux et les mêmes pronoms contenus dans le texte ; – le recours à un seul mot pouvant remplacer un groupe de mots ou bien à un adjectif pouvant remplacer une proposition relative est à souhaiter (par exemple : le fait qu'ils aient été groupés = leur regroupement).

L'art

Avant tout une œuvre d'art est bien une aventure de l'esprit.

Et s'il faut absolument quelque chose, je dirai qu'il devrait servir à rapprendre aux gens qu'il y a des activités qui ne servent à rien et qu'il est indispensable qu'il y en ait : la construction d'une machine qui bouge, l'univers devenant spectacle, vu comme un spectacle, l'homme devenant à la fois spectacle et spectateur : voilà le théâtre. Voilà aussi le nouveau théâtre libre et « inutile » dont nous avons tellement besoin, un théâtre vraiment libre. [...]

Mais les gens, aujourd'hui, ont une peur atroce et de la liberté et de l'humour ; ils ne savent pas qu'il y a pas de vie possible sans liberté et sans humour, que le moindre geste, la plus simple initiative, réclament le déploiement des forces imaginatives qu'ils s'acharnent, bêtement, à vouloir enchaîner et emprisonner entre les murs aveugles du réalisme le plus étroit, qui est la mort et qu'ils appellent vie, qui est la ténèbre et qu'ils appellent lumière. Je prétends que le monde manque d'audace et c'est la raison pour laquelle nous souffrons. Et je prétends aussi que le rêve et l'imagination, et non la vie plate, demandent de l'audace et détiennent et révèlent les vérités fondamentales, essentielles. Et même que (pour faire une concession aux esprits qui ne croient qu'à l'utilité pratique) si les avions sillonnent aujourd'hui le ciel, c'est parce que nous avions rêvé l'envol avant de nous envoler. Il a été possible de voler parce que nous rêvions que nous volions. Et voler est une chose inutile. Ce n'est qu'après coup qu'on en a démontré ou inventé la nécessité, pour nous excuser de l'inutilité profonde, essentielle, de la chose. Inutilité qui était pourtant un besoin. Difficile à faire admettre, je le sais.

Regardez les gens courir affairés, dans les rues. Ils ne regardent ni à droite, ni à gauche, l'air préoccupé, les yeux fixés à terre, comme des chiens. Ils foncent tout droit, mais toujours sans regarder devant eux, car ils font le trajet, connu à l'avance, machinalement. Dans toutes les grandes villes du monde c'est pareil. L'homme moderne, universel, c'est l'homme pressé, il n'a pas le temps, il est prisonnier de la nécessité, il ne comprend pas qu'une chose puisse ne pas être utile ; il ne comprend pas non plus que, dans le fond, c'est l'utile qui peut être un poids inutile, accablant. Si on ne comprend pas l'utilité de l'inutile, l'inutilité de l'utile, on ne comprend pas l'art ; et un pays où on ne comprend pas l'art est un pays d'esclaves ou de robots, un pays de gens malheureux, de gens qui ne rient pas ni ne sourient, un pays sans esprit ; où il n'y a pas l'humour, où il n'y a pas de rire, il y a la colère et la haine. Car ces gens affairés, anxieux, courant vers un but qui n'est pas un but humain ou qui n'est qu'un mirage, peuvent tout d'un coup, aux sons de je ne sais quels clairons, à l'appel de n'importe quel fou ou démon se laisser gagner par un fanatisme délirant, une rage collective quelconque, une hystérie populaire. Les rhinocérites, à droite, à gauche, les plus diverses, constituent les menaces qui pèsent sur l'humanité qui n'a pas le temps de réfléchir, de reprendre ses esprits ou son esprit, elles guettent les hommes d'aujourd'hui qui ont perdu le sens et le goût de la solitude. Car la solitude n'est pas séparation mais recueillement, alors que les groupements, les sociétés ne sont, le plus souvent, comme on l'a déjà dit, que des solitaires réunis.

EUGÈNE IONESCO, *Notes et contre-notes*, 1961.

**Résumé
(180 mots)**

L'art peut être défini comme une « aventure de l'esprit » mais aussi comme un domaine dont l'utilité est de montrer que tout ne sert pas à quelque chose. C'est ainsi qu'il faut comprendre le rôle du théâtre en liberté, où il n'y a plus de frontière entre la scène et le public.

Or actuellement, les gens redoutent la liberté et le rêve, et ils veulent tout réduire à une vision réaliste. Et pourtant, les grandes inventions, telles que l'avion, viennent du vieux rêve qu'avait l'homme de voler : l'inutile est alors devenu utile.

Tous les hommes courent sans cesse à la poursuite de ce qu'ils croient indispensable. Ils ne peuvent donc pas comprendre l'art, avec son inutilité utile, et ils risquent ainsi de se laisser entraîner, comme des êtres aveugles, vers n'importe quelles folies ou tyrannies, tant ils manquent d'esprit critique et d'usage de la liberté. Oublieux de la valeur de la solitude, ils ne savent plus réfléchir seuls, et ils sont prêts à tomber dans la « rhinocérite ».

Annales Vuibert

Table des matières